¿Cuánto te pesa lo que te pasa?

LUZ MARÍA DORIA

¿Cuánto te pesa lo que te pasa?

Cómo soltar las cargas y volver a ver la luz

Primera edición: febrero de 2024

Copyright © 2024, Luz María Doria
Copyright © 2024, Penguin Random House Grupo Editorial USA, LLC
8950 SW 74th Court, Suite 2010
Miami, FL 33156

Aguilar es una marca de Penguin Random House Grupo Editorial
Todos los derechos reservados.

Impreso en Colombia / *Printed in Colombia*

ISBN: 978-1-64473-923-5

24 25 26 27 28   10 9 8 7 6 5 4 3 2 1

A ti que te está doliendo...

ÍNDICE

INTRODUCCIÓN

Tengo ganas de escribir este libro sin maquillaje. Que el alma me dicte y el corazón redacte los miles de pensamientos que bailan sin pareja en mi cabeza. Quiero crear una prosa valiente que sane heridas, que regale armas, que te rescate con esperanza a ti que quizás te estás hundiendo por falta de fe.

Quiero escribir en carne viva, aunque remoje las letras con mis lágrimas; no importa, si eso me ayuda a secar las tuyas.

Quiero que cada una de las páginas de este libro que estás empezando a leer te libere de cargas pesadas, y no quiero repetirte esas frases ligeras que seguramente se fueron deshaciendo en tu memoria de tanto usarlas. También quiero amarrarte los egos con alambre de púas para que nunca más se te escapen tus deseos más grandes, y colocarle alas con lazos de seda a esos deseos para que salgan volando sin miedo a hacerse realidad.

Tengo ganas de escribir sin maquillaje ni empujones una historia que nos haga entender que aún estamos a tiempo de recuperar esa alegría que perdimos cuando nos llegó esa noticia triste. Quiero que este libro nos haga entender a ti y a mí que la vida es un regalo diario, aunque estemos pasando por momentos difíciles.

Ojalá algún día nos encontremos para que me cuentes tu historia; mientras tanto, yo te voy a empezar a contar cómo fue ese momento en que comenzó a cambiar la mía.

CAPÍTULO 1

Nada será igual que antes, pero lo bueno es que puede ser mejor

Empiezo a escribir este libro porque necesito leerlo. Así de simple. En mi mesita de noche hay en este momento una torre de 18 libros que prometen curar el sufrimiento. Ninguno lo ha cumplido totalmente.

Ayer decidí que empezaría a escribir para aprender a vivir con el dolor, y que terminaría este libro cuando estuviera segura de que me había ayudado a mí.

Y voy a empezar pidiéndote perdón. Sí, perdón a ti y a todo aquel a quien le dije que saliera a atreverse a buscar sus sueños, a hacer esa llamada, a mandar ese *email*, sin pensar por un minuto que no te podías parar de esa cama porque no tenías fuerzas… Porque tu dolor te pesaba tanto que no te dejaba levantarte. Y que esas alas con las que yo te empujaba a volar estaban rotas de tristeza. Seguramente tenías tantas cosas dando vueltas en tu cabeza que no sabías cuál era ese camino que yo te señalaba para que alcanzaras tus sueños.

Los que me conocen bien saben que para mí no hay imposibles, que siempre trato de ser positiva, de colarme por las ventanas cuando me cierran las puertas, que no me gusta ni creo que sea verdad cuando me dicen que algo no se puede hacer. *Atreverme* se ha convertido en mi palabra favorita. Mi misión es servir, conectar, hacer que las cosas sucedan. Pero de pronto, un día, la vida me cambió.

A mis 58 años reconozco que he tenido una vida muy buena. Me dedico a lo que me apasiona: soy periodista, productora de televisión y escritora. Tengo una familia feliz y la vida me dio la posibilidad de cumplir mi misión de servir en los programas que produzco, en los libros que escribo y en las charlas que doy.

Mi trabajo me permite llevar la vida que soñé. Viajo mucho, tengo la oportunidad de conocer gente fascinante y, sobre todo, he desarrollado la facilidad de hacer los sueños realidad. Me apasiona ayudar, buscar soluciones, investigar, entretener, aclarar, lograr cosas.

Trabajar en un programa diario de noticias en vivo también me ha permitido ver el dolor de cerca. La tristeza inmensa de una madre a quien le matan a su hijo o del padre a quien se le pierde su hija cruzando la frontera. El dolor del indocumentado que cruzó esa frontera para poder cumplir sus sueños y nunca más vio a su familia.

Yo conocía personalmente el sufrimiento por la pérdida de mis abuelos, la de un bebé que esperaba y la de mi papá, pero no había convivido con el dolor como hasta ahora. Eso se los voy a contar en detalle más adelante, para que entiendan por qué decidí escribir este libro.

"Por el sufrimiento los seres humanos
se convierten en ángeles".

VÍCTOR HUGO

No es casualidad que hoy sea Viernes Santo. El día en que Cristo murió por amor en una cruz fue el día en que yo aprendí a cargar la mía.

Mi amiga Bluma, que es judía, me invitó a sentarme en su mesa para celebrar el Séder de Pésaj, una celebración que conmemora la liberación del pueblo hebreo de la esclavitud. La familia se reúne ante una gran mesa en la que cada alimento simboliza algo importante. Confieso que eso, específicamente, me llegó al alma.

Esa noche aprendí que, cada año en esa cena, los judíos recuerdan que la vida tiene momentos difíciles (representados en la mesa con verduras amargas) y que hay que aprender a sobrellevarlos. El huevo en la mesa representa el duelo; el agua con sal, las lágrimas derramadas. En un momento se come la lechuga amarga con un poquito de un dulce llamado Jaroset, que es una mezcla de manzanas, nueces, vino y canela, y sirve para recordar que esa misma combinación de amargo y dulce puede y debe suceder en la vida.

El mayor de la familia es quien lee e inicia los rezos, pero todos, incluidos los invitados, pueden ir también leyendo las oraciones. Yo, que soy católica y muy curiosa, pensaba en ese momento cómo la vida te va poniendo donde necesitas aprender.

Mientras los judíos nos explicaban generosamente a los tres católicos invitados el significado de cada alimento y de cada oración, yo entendía mejor por qué debía escribir este libro. Sí, esa celebración familiar en que los judíos les recuerdan a sus hijos que no deben olvidar el dolor ni de dónde vienen, y por qué hay que agradecer, me hizo entender mejor por qué este libro debía ser esa grieta por donde se va a colar la luz que tanto necesita tu oscuridad.

Que esto se quede aquí, entre nos

En este libro le quiero hablar a tu corazón de toda esa carga que le pesa y lo está apachurrando. De ese dolor con el que te dejó esa noticia que no esperabas recibir. De esa tristeza por esa pérdida que hace que tu vida no se parezca a lo que fue. Y también te quiero hablar a ti. Sí, a ti que no le cuentas a nadie tu sufrimiento y te lo tragas enterito para que no lo noten. Y no es que no te pese, sino que sabes cómo cargarlo.

Voy a tratar de tocar en estas páginas toda clase de tristezas, y también te contaré lo que ha servido para aliviarlas. Además —porque si no este libro no estaría completo—, te voy a escribir a ti, que causaste dolor y que ahora se duplica en ti la carga porque te duele haberlo causado y no sabes cómo pedir perdón.

Este libro no va a ser solo mío, sino de muchas almas bonitas que han sufrido en primera persona dolores específicos. A cada uno le pedí que te escribiera una carta contándote su dolor y lo que ha ayudado a calmarlo. Muchos me dijeron que sí y luego, con la mano en el corazón, me dijeron que no podían hacerlo por una razón muy simple: nada les había ayudado a curar su herida. Ojalá este libro también los ayude a ellos.

Todos los que escribieron estas cartas lo hicieron con el corazón en su mano y secándose las lágrimas. Todos son mis amigos y la mayoría no se conoce entre sí. Sin embargo, es curioso que todos hayan sentido que al compartir su herida y lo que les ha ayudado a cicatrizarla, estaban sanando más. Lo entendí y más fuerza encontré para que todas estas letras te hablaran directo al alma.

Lo primero que te voy a decir es que no eres el único o la única que no está bien. De eso estoy segura. Todos cargamos una cruz, y eso hace que esta procesión sea una especie de hermandad. Y en este momento me estoy acordando de un chiste que me contó Lourdes Stephen una mañana en una sala de maquillaje de *Despierta América*. Un día, un tipo llegó donde Jesús y muy angustiado le dijo que ya no podía cargar más con la cruz que Él le había dado, porque era muy pesada. Jesús lo abrazó y le dijo mirando hacia abajo: "¿Ves todas esas cruces que están allá abajo de diferentes tamaños? Pídeme la que quieras, que te la voy a dar". Y el hombre, muy feliz, le dijo: "Quiero esa, la chiquitica". A lo que Jesús respondió: "Pues esa chiquitica es la que estás cargando".

Te quedaste pensando en tu cruz, ¿verdad? A mí me pasó lo mismo. A partir de hoy, yo quiero que, como en aquella mesa de mis amigos judíos, no te olvides de echarle dulce a ese saborcito amargo que te está haciendo saborear la vida. Que cada vez que leas una frase de este libro, comprendas que no estás sola o solo. Que esto que estás viviendo y que quizás te embistió sin verlo venir se llama *vida real*.

Ups, se nos olvidó decirte...

Desde que somos niños hasta que llegamos a viejitos vivimos hablando de la felicidad y de cómo alcanzarla, de lo que cuesta lograrla y de lo que hay que hacer para atraerla… Pero nadie nos enseña de dónde se sacan fuerzas cuando las cosas no salen como esperamos. Tampoco nos advierten que la vida tiene muchas curvas y que en una de esas un revolcón nos puede hacer cambiar de ruta. Y nadie nunca nos agarra de los hombros, nos sienta y nos dice: "Ups, se nos olvidó decirte que en esto que llaman vida, y a la que todos le quieren poner el apellido de feliz, habrá días muy tristes porque tendrás pérdidas. Algunas —te darás cuenta mucho tiempo después— fueron como bendiciones. De otras, tal vez nunca te repongas".

Pero no, en esta vida nos ocurre todo lo contrario. Las lágrimas aceptadas son las de la alegría, y para derramar las otras hay que esconderse. En estos días está de moda ser feliz, y por todas partes parece que se multiplicaran los expertos en el arte de la felicidad. Dicen por ahí, y yo lo repito, que hay una nueva generación triste llena de fotos felices. De hecho, una de las frases que más usamos y de la que yo estoy convencida es que la felicidad es la verdadera misión que hay que lograr en nuestra vida. Pero la verdad es que nadie nos enseña a manejar el sufrimiento y menos a nadar en el mar del dolor. Y cuando estás viviendo ese dolor te das cuenta de que la felicidad no fue precisamente ese viaje a París, ni aquel aumento de sueldo o aquel premio que te dieron. La felicidad tampoco fue precisamente aquel día en que te dieron esa buena noticia…

Primera lección de este libro: la felicidad puede ser ese día en el que no pasó nada raro en tu vida, ese momento en que todo estaba aburridamente bien. Sí, quizás fue aquel instante en que te quejabas de que no pasaba nada… Yo lo aprendí el día en que empezaron a pasar cosas que yo no hubiera querido que pasaran ni que tanto me pesaran.

¡Mi vida era perfecta, *yeahhh right*!

"Ay, Luzma, si tú misma dices que la perfección no existe", estarás pensando mientras repasas esa primera línea. Pues sí. Ahora que miro hacia atrás y recuerdo esos momentos en que no-pa-sa-ba-na-da los comparo con la perfección. A veces, me voy a las fotografías para recordar cómo era esa vida. Esa vida que ahora está guardada en las mil fotos de mi teléfono. Esas fotos de cuando no pasaba nada. Y si tú en este preciso momento no tienes ningún problema, te pido que mires al cielo y des las gracias. Que no pase nada en este momento de tu vida puede ser lo más parecido a la perfección y a la felicidad.

Yo siempre he sido agradecida, pero ahora creo que no valoré suficientemente esos momentos. Hace unos días leí una frase que me caló en el alma: "Nada volverá a ser como antes". Ese fue el empujón que necesitaba para escribir, para entender que tenía que vivir con lo nuevo que la vida me estaba regalando. Porque, aunque no te guste lo que estás viviendo, te aseguro que en unos años mirarás para atrás y te darás cuenta de que fue un regalo. Envuelto en un papel que no te gustaba, pero fue un regalo.

Porque va a mejorar tu vida.
Porque crecerás como persona.
Porque te hará entender muchas cosas.
Porque la tristeza que sientes hoy será el valor que sientas mañana.

Sí, yo también me he sentido así

Yo sé cómo te sientes. Quieres que ocurra un milagro, pero a veces te distraen tus crisis de fe. No entiendes por qué te está pasando esto tan triste que no te gusta vivir. No comprendes esas frases que cuentan que para ver las estrellas hay que estar en la oscuridad, y menos aquellas que aseguran que Dios pone sus pruebas más difíciles a sus guerreros más fuertes. Porque yo sé que tú no querías ni ver estrellas ni sentirte premiado o premiada por ser fuerte. Y mucho menos que te escogieran para llorar.

Seguramente te has encontrado sin sueño en medio de la madrugada pensando en cómo vas a salir de esto y de pronto empiezas a creer que todo va a estar bien y que nada es para siempre. Entonces, piensas que quizás tú no eres el hijo o hija olvidado de Dios, sino que te ha escogido para vivir un milagro. Que esa persona que tanto amas va a sanar, que ese que piensas que ya no te quiere va a regresar. Que ya no te van a pasar más cosas que no quieres que te pasen. Y vas a agradecer eso que advierte que "Si vieras el tamaño de la bendición que está por llegar, entenderías la magnitud de la batalla que estás librando". Y también vas a vivir otros días en los que crees que no vas a aguantar más, y vendrán otros en los que sentirás que tienes más fuerza que Superman.

Todas esas subidas y bajadas de ánimo que vivimos mientras pasamos por un momento difícil son absolutamente normales. Nos pasa a todos. Te lo repito: a ti no es que no te pese lo que te pasa, es que tú lo sabes cargar. Tal vez es por eso que muchos no notan que llevas una carga.

Y ahora que estamos tú y yo solos te pregunto: ¿Cuánto te pesa lo que te pasa? ¿Cuánta carga extra le estás poniendo? Y la pregunta de la esperanza: ¿Cuánta carga le puedes quitar?

Cualquiera que sea el motivo y la duración de tu sufrimiento, créeme que un día vas a mirar atrás y entenderás por qué lo viviste. Lo más seguro es que la respuesta sea que fue para ayudar a alguien más.

Advertencia: si te adelantas a los planes de Dios, corres el riesgo de equivocarte

Mi mamá no habla ni camina. Sus labios y sus piernas no tienen fuerza. No se levanta de la cama y ni siquiera puede ya darme un beso. Lo estoy escribiendo y releyendo y aún no lo puedo creer.

Después de que el COVID-19 la hospitalizara durante un mes, el neurólogo descubrió que padecía una enfermedad llamada esclerosis lateral primaria que va debilitando sus piernas y su lengua.

Si leíste mi libro *El arte de no quedarte con las ganas*, en el que escribo una carta al tiempo, recordarás como yo le agradecía al tiempo por esos momentos en que me regalaba poder sentarme a saborear un buen chisme con ella. Nos sentábamos a hablar durante horas. No nos callaba nadie. La llamaba cuando salía de la oficina para contarle todo lo nuevo que me estaba pasando.

Mi mamá era la corresponsal de toda la familia. No había un día que no llamara a Colombia a preguntar por todo y por todos, y luego nos ponía al día a nosotros. Mis amigas, lo confieso, preferían hablar con ella que conmigo porque "Ofe habla más sabroso que tú y le cuenta a uno todos los detalles…".

A mí me encantaba hablar con mi mamá. Y hoy Ofe solo puede hacerlo mediante mensajes de texto o escribiendo en un tablerito que le regaló su nieta Dominique, y que siempre mantiene junto a sus crayolas en la cama de donde ya no se levanta. Lo bueno es que sigue gobernando el mundo desde su teléfono.

En este momento estoy escribiendo al lado de su cama de enferma. Aquí me paso horas trabajando a su lado. Ella me manda mensajes de texto y yo le contesto. Ahora nuestras conversaciones son así. Sus piernas sin fuerza están encima de un cojín alto. Ese cojín es la versión casera de la montaña que hoy escala. Sus dedos, que siguen teniendo uñas largas y muy bien pintadas, recorren su celular y por eso sigue siendo la señora más informada.

Lo que más le gustaba a mi mamá era hablar y salir de la casa. Era la mujer más paseadora de la familia. Se levantaba temprano y a las 8 ya estaba lista para ir al supermercado y desayunar en cualquier cafetería donde hablaran español. Todo lo hacía en persona: la fila del banco, la del supermercado, pagar las tarjetas de crédito… Para ella el mundo nunca se digitalizó. Ni siquiera sabía cómo mandar un mensaje de texto. Hoy es su manera de comunicarse.

Mi mamá en 78 años nunca se enfermó ni se quejó de nada. Todo empezó meses antes de la pandemia del COVID-19 y sin que nadie lo notara. Te lo cuento para que veas cómo la vida te va cambiando ante tus propios ojos. Un día la entiendes cuando la repasas y no mientras la estás viviendo.

Mi mamá se fue un día al aeropuerto a recoger a Ángela, una prima que venía de Colombia, y se cayó en medio del parqueadero. Iba con mi esposo, y al regresar a la casa los dos describían la caída, que gracias a Dios no tuvo consecuencias graves, entre puras carcajadas (porque así es mi familia: tragicómica). "Yo le dije que no me fuera a levantar, que de pronto estaba toda quebrada. Que mejor se fuera a recibir a Ángela y que después regresara por mí", contaba ella entre risas mientras Bebo soltaba otra carcajada recordando el susto. Lo irónico es que mi mamá siempre tuvo miedo de caerse. En una columna que escribí para el diario *La Opinión*, en junio del 2017, lo narré así:

> Déjenme explicarles que mis vacaciones familiares tienen un elenco variado: un esposo sesentón que no cree en *carry-ons* "porque ahí no cabe nada", una hija *millennial* que cree que se las sabe todas, y una abuela fuerte que no se siente vieja, pero que decidió, según nos cuenta a todos, caminar lento por miedo a caerse porque, según ella, "el que se cae después de los 70 no se vuelve a levantar".

Esa última frase que escribí se hizo realidad. Un mes después de aquella caída en el aeropuerto de Miami, estábamos de vacaciones de fin de año y el primero de enero mi mamá se enredó en su abrigo largo y volvió a caerse. Confieso que me dio pánico verla tirada ahí en el piso, pero todos reaccionamos rápidamente y la ayudamos a pararse. La caída no tuvo más consecuencias que sus gafas partidas y un raspón en la nariz. Seguimos felices nuestras vacaciones sin saber que ya estaba empezando a cambiar nuestra historia.

Al regresar a Miami, me pidió que le comprara un caminador. "Quiero sentirme más segura. Ya tengo 78 años y, a esta edad, vieja que se cae no se vuelve a levantar", me dijo. Le compré el caminador y días después volvió a caerse en mi casa. Esta vez un charco de sangre en el piso nos hizo correr al hospital. Le cogieron puntos y le hicieron exámenes de todo. Todos los exámenes dieron resultados normales, pero para mí no era normal que se estuviera cayendo cada mes.

A los pocos días, mientras yo estaba tranquilamente acostada en mi hamaca hablando por teléfono, mi esposo salió al patio a avisarme que mi mamá se había vuelto a caer y esta vez, ya en plena pandemia, no hubo ida al hospital porque los paramédicos que llegaron al rescate no lo vieron necesario. El ojo y parte de la cara se le pusieron morados, y el pánico a caerse otra vez empezó a apoderarse de ella. Ya no quería levantarse de la cama. Mi hija y yo nos turnábamos para asearla y llevarla al baño. De pronto, aquella señora alegre, paseadora y a quien no callaba nadie se empezó a convertir en una mujer inmóvil.

Yo pasaba del dolor a la frustración y de la frustración a la ira. No entendía cómo yo, la activista contra el miedo, no podía lograr que mi propia madre se atreviera a levantarse. "Si me paro me voy a caer otra vez. Si fuera tan fácil como tú lo pintas entonces me voy a poner a pensar que soy millonaria para que me llegue mucha plata", me dijo un día con esa sorna que aún no ha perdido.

En medio de esta angustia que estaba viviendo, mi esposo dio positivo al coronavirus cuando aún no se había vacunado. A mi mamá le acababan de dar la segunda dosis de la vacuna, pero comenzó a sentirse mal y mi querido doctor Juan, que ha sido mi ángel en todo este proceso, decidió hospitalizarla. Inmediatamente nos dijeron que estaba positiva al coronavirus y la dejaron aislada durante 11 días.

Nunca perdió su sentido del humor: "Me siento de vacaciones en un resort", me decía por teléfono. "Me dieron una habitación con vista al mar. Creo que soy la única que queda viva en este piso".

Cuando por fin dio negativo, la trasladaron a otro pabellón para hacerle terapia y seguir haciéndole estudios médicos. Para todos los doctores ella era un misterio. Yo iba todos los días a visitarla y ya se había hecho amiga del hospital entero. La apodaron "la alcaldesa". Ella, que solo había pisado un hospital cuando yo nací, me decía que estaba feliz en aquel lugar con todas las atenciones que recibía. Y yo le daba en silencio gracias a Dios por eso que ella decía, así fuera una mentira piadosa. ¿Quién puede estar feliz en un hospital?

Cada vez que regresaba a casa sin ella, extrañaba esos días en que no pasaba nada. Encontraba calma saliendo a caminar y después sentándome en una banquita frente a un lago a rezar. La anécdota divertida fue que un día me di cuenta de que había un letrero que advertía el peligro de un ataque de cocodrilos. Nunca lo vi. Mi tristeza era seguramente más grande y peligrosa que esos cocodrilos que gracias a Dios nunca me atacaron.

Como les conté antes, hasta ese momento de mi vida el dolor más grande que había sentido era perder a mis abuelos, a un bebé que esperaba y vivir, a larga distancia, el Alzheimer de mi papá, que derivó en un cáncer que se lo llevó tres años después. Pero ver cómo mi mamá de la noche a la mañana se empezaba a paralizar sin tener un diagnóstico, era algo que no podía entender. Ver su terror a pararse de la cama me dolía y me daba rabia. Yo, lo repito, que me he convertido en una activista contra el miedo, lo veía ahora en los ojos de mi mamá convertido en pánico y paralizando cualquier acción que ella pudiera tomar para mejorar su estado. Mi mamá se fue inmovilizando, y nadie podía hacer nada para impedirlo.

✔

En esos momentos, hubo algo que la vida sí me ayudó a entender, y aquí va la segunda lección de este libro: tienes que tratar de estar totalmente presente. Yo aprendí a no adelantarme a lo que va a pasar, ni permitirle a mi mente que me invente cuentos con finales tristes. Ahora que recuerdo ese primer mes en que mi vida perdió la tranquilidad, entiendo que mi mente decidió estar totalmente presente para no sufrir más de lo que ya estaba sufriendo.

Confieso que en esos días no quería ni hablar de esto con nadie. Me parecía que si lo manifestaba con palabras era como aceptar lo que estaba sucediendo, y que las cosas se iban a complicar más. Guardé silencio y empecé a vivir el presente.

Hablaba mucho con Dios. Los domingos, mientras ella estuvo hospitalizada y no me permitían verla, yo manejaba media hora e iba a misa a la iglesia que quedaba al lado del hospital donde ella estaba, para sentir que mi mamá estaba cerquita.

Cuando nos adelantamos a los planes de Dios, siempre corremos el peligro de equivocarnos. Por lo general, creamos historias con finales tristes. Las preocupaciones, como la misma palabra lo dice, hacen que nos ocupemos de cosas que no han ocurrido. Vivir el presente hace que uno, primero que todo, sea más realista, y segundo, mucho más agradecido.

Esas cosas en las que antes no te fijabas...

Mientras mi mamá estaba en el hospital y ya me permitían ir a visitarla, yo iba todas las mañanas a trabajar y luego me pasaba la tarde con ella. Todas las madrugadas, al entrar al edificio donde trabajo, la encargada de seguridad me saludaba con una gran sonrisa y me contaba que su madre estaba en el hospital en Cuba... Y yo, que siempre rezo al entrar a mi lugar de trabajo, agregaba oraciones por la señora y daba gracias por poder ir a ver a mi mamá todos los días. Mi compañera no podía.

Concentrarme en el trabajo me ha ayudado mucho. Cuando empezó el proceso, esa fue la manera de mantenerme entretenida mientras en el hospital seguían investigando qué tenía mi mamá. Cuando la vida te presenta situaciones realmente difíciles, las que antes parecían no tan fáciles ahora se vuelven un pasatiempo divertido e incluso te ayudan a procesar el dolor. De pronto, comienzas a ver cosas en las que antes no te fijabas y del cielo comienzan a llegarte maneras de hacer el dolor más llevadero.

En aquel momento, acepté ser la productora ejecutiva de *Algo personal* con Jorge Ramos, en ViX, y muy feliz sumé esa producción a las veinte horas semanales de *Despierta América* y a otras dos de *Despierta América en domingo*. Mucha gente me preguntaba cómo podía con tanto y mi respuesta era siempre la misma: "Hacer lo que me apasiona es un regalo. Elijo mantenerme ocupada para pensar menos en el sufrimiento". Además, darle la alegría a mi mamá de trabajar junto a alguien que ella admira tanto, el periodista latino más respetado de Estados Unidos, no tiene precio. Ella fue la más feliz cuando salió la primera entrevista en Vix.

Desde afuera, no creo que nadie hubiera notado que mi felicidad ya no era completa. Me gané premios, celebré y agradecí triunfos para yo misma entender que de eso se trata la vida. Confieso que esa frase que dice que el dolor es inevitable, pero que el sufrimiento es opcional, no me caía bien del todo. Me parecía injusta. Ahora que vivo este proceso sí entiendo que el sufrimiento puede controlarse. Gracias a Dios, el trabajo me ha ayudado muchísimo y hoy lo puedo compartir con ustedes.

Mi jefa, María Martínez-Guzmán, una gran líder con corazón, ha sido como un ángel ejecutivo que Dios me mandó en esta etapa de mi vida. Nunca habrá suficientes palabras para agradecerle su comprensión. Su motivación y su alegría hacen que yo siempre me atreva a dar más de mí.

Sí, la vida se trata de atreverse a hacer todo lo que te apasiona, para que no te quede ningún "hubiera". Y de mirar al cielo y llorar cuando sea necesario. Pero hay que secarse las lágrimas después y seguir intentando lograr todo lo que queremos. Aprendí que puedes vivir un proceso difícil siendo positiva, y esto quiere decir que no debes hacer más doloroso el proceso siendo fatalista y permitiendo que el miedo cree finales peores. En esos días, la tristeza también me enseñó a ser más compasiva, a no competir con el sufrimiento de nadie, a entender que hay penas más duras que las de uno, pero que todos tenemos derecho a sufrirlas de la manera que nos dé la gana. Y algo muy importante que ahora nunca olvido: aprendí que esa persona que está al lado tuyo y elige no revelar su sufrimiento, puede estar cargando una cruz muy pesada.

Hace unos días, estando en misa, una mujer en la primera fila de la iglesia rompió a llorar a gritos en el momento de la comunión. En ese instante se me olvidó mi lista de peticiones y solamente le pedí a Dios que le cumpliera las de ella, y aunque sé que Dios no funciona así, después le agradecí que me hiciera comprender el sufrimiento de otros. Por eso hay que tratar de ser siempre comprensivos y amables con todo el mundo. Mucha razón tenía Desmond Tutu cuando dijo que el sufrimiento intenso quizás sea necesario para conocer la compasión.

Permitido sufrir; prohibido ser la víctima

La estancia de mi mamá en el hospital me inspiró mucho. Siempre he pensado que, si los seres humanos visitáramos con más frecuencia los hospitales, seríamos mejores personas. Conocer de cerca durante ese mes a las personas que trabajaban allí y ver su gran vocación de servicio nos contagió de generosidad a todos. Y qué generosidad hay en aquel edificio del Mount Sinai de Miami Beach. Rosa, una enfermera colombiana que iba a visitar a mi mamá solo para entretenerla, sin ser ni siquiera una de sus pacientes asignadas, me daba fuerzas constantemente con su alegría.

Finalmente, un mes después y el día antes de mi cumpleaños, le dieron de alta a mi mamá y no recuerdo un regalo mejor en mi vida. Después de hacerle cientos de exámenes que no arrojaron ningún problema, mi mamá regresó a casa, pero nuestra vida no iba a volver a ser igual. Todos estábamos destinados a comenzar a vivir una nueva historia.

A los pocos días de haber regresado a casa, mi esposo empezó a notar que la voz de mi mamá estaba cambiando y que era completamente nasal. Días después ella ya no podía hablar. Cientos de exámenes médicos y visitas a especialistas siguieron sin dar ningún resultado. Tres meses después, el neurólogo que la había tratado llamó para decirme que él había seguido estudiando el caso y que su conclusión era que mi mamá sufría de esclerosis lateral primaria, una enfermedad que no tiene examen para confirmarla, pero cuyos síntomas coincidían con la debilidad que mi mamá presentaba en la lengua y en las piernas. La enfermedad pudo haberse agravado con el COVID y aunque no tiene cura, no es mortal.

Colgué el teléfono muy agradecida con el neurólogo por haber seguido estudiando el caso y con la paz de haber hecho todo lo posible por encontrar una respuesta. Pero también con una tristeza infinita por enfrentarme a esta nueva realidad: una que requería tomar acción inmediata.

✔ ....

Tercera lección: no puedes dejar que el dolor te paralice. Cuando el dolor te inhabilita, estás agregando otro problema al problema. Ni tampoco puedes ir por la vida siendo la víctima. Y no puedes ser la víctima porque la lástima no es buena consejera. Una cosa es ser compasivo y ayudar a otros, y otra cosa muy distinta es el "pobrecito fulano...".

Victimizar y victimizarnos nos empobrece y empequeñece. Se vale decir: "No estoy de ánimo ahora", pero no se vale ir por todas partes contando cómo te aplasta el dolor para que te tengan lástima. Hacer público el sufrimiento es difícil porque significa mostrarse vulnerable. Nos enseñaron que tenemos que ser fuertes y que la sonrisa es amiga del éxito. Yo quiero enseñarte con esto que escribo a que puedas seguir encontrando motivos para sonreír.

La única gran justificación que tiene confesar el sufrimiento es revelar lo que te ha dado resultado para sobrellevarlo, y así ayudar a otros.

....

Dios manda las pruebas, pero también manda las medicinas

Cuando te digo que hay que tomar acción me refiero a empezar por crear el nuevo escenario para facilitar las cosas. Lo primero que hice fue aprenderme todo lo que el seguro médico de mi mamá podía ofrecer para ayudarnos. Conseguimos terapeutas que vienen a cuidarla, cama de hospital para que estuviera más cómoda, y nos trajimos a Rosa, la enfermera del hospital que nos alegraba con sus visitas. A Rosa, no me cabe duda, la envió Dios. No solo es enfermera, sino que arregla uñas, echa chistes, le habla de Dios a mi mamá (que no es muy rezandera que digamos) y tiene una generosidad tan grande que hace que su presencia nos enriquezca a todos. Dios manda las pruebas, pero también manda las medicinas. Rosa fue una de ellas.

Ángela, nuestra prima alegre de Colombia, se ofreció a venir a estar con mi mamá cada vez que yo tuviera un viaje con Bebo. Y lo ha cumplido al pie de la letra. Es como si Dios fuera creando un equipo de salvación que poco a poco te va ayudando a producir tu nueva vida.

La tecnología ayuda mucho. Tengo una cámara instalada en su cuarto por la que puedo verla desde mi teléfono y hablarle hasta cuando voy volando a 36,000 pies de altura. Cuando voy en los aviones le hablo y le escribo textos durante todo el vuelo para que esté tranquila. Eso la ayuda a ella y me da paz a mí.

✔ ....

Y esa es la cuarta lección que quiero dejar grabada en tu alma: cuando vives una pena no puedes olvidarte de ti. Por muchas razones. Si eres tú de quien depende esa persona que te causa el sufrimiento (un familiar enfermo, por ejemplo), tienes que cuidar tu salud mental y física para poder servirle a esa persona. Y si ya no tienes ningún control sobre eso que te causa dolor (estás sufriendo por una ruptura amorosa, por ejemplo), pues estás en una posición aún mejor, porque solo te tienes que preocupar por ti. Aquí te paso la lista de lo que a mí me ha ayudado a mantenerme fuerte.

1. **Entregarle todo a Dios.** Antes, cuando oraba, era muy específica y pedía cosas concretas. Hoy reconozco que siempre pido paz porque si hay paz todo está bien. Rezo cuando abro los ojos en la madrugada, cuando me monto al carro, cuando llego a la oficina, cuando salgo de la oficina y en la noche antes de dormir. Le pido a Dios que abra puertas, que cree nuevos caminos, que traiga buenas noticias, que multiplique mi fe, que me permita servir. Visito la iglesia y siempre me fijo en el lenguaje corporal de las personas que están allí. Verlas, multiplica mi fe.

2. **Agradecer.** Aun en medio de las tormentas, hay una nubecita que se corre para que vuelva a salir el sol. Tenemos que encontrar esa nubecita que se corre para que se cuele la luz en nuestras vidas. Mira a tu alrededor y enumera todo lo que hay que agradecer. Yo agradezco por todo lo que le da comodidad a mi mamá, por esas personas que me dan alegría... Recuerdo que un día uno de los terapeutas de mi mamá me dijo: "Ahí la tienes viva y con buena salud. Cuántos no la tienen y quisieran tenerla así".

3. **Caminar por lugares que te den paz.** La playa siempre será mi lugar favorito para relajarme y recargar baterías. Descubre cuál es el tuyo y visítalo.

4. **Atreverte a hacer eso que siempre habías pospuesto.** ¡A cuántas cosas le ponemos el letrerito de "después" en nuestras vidas! Es hora de hacerlas.

5. **Ver una película de humor.** Cuando estamos con la pila del ánimo floja, nos castigamos nosotros mismos y nos prohibimos divertirnos. Esa palabra genera culpabilidad en momentos tristes. Te voy a decir algo que vas a sentir como una palmadita en la espalda: no te sientas culpable de buscar una distracción que te saque una sonrisa. La necesitas. Una vez leí que fingir una carcajada termina haciéndote reír de verdad... Y lo confieso, me funcionó.

6. **Identificar qué produce felicidad en tu vida.** El cuerpo produce 4 hormonas que activan la felicidad: serotonina, endorfina, dopamina y oxitocina. Para liberar las endorfinas, que sirven para calmar el dolor y el miedo, funciona

hacer ejercicio. También reírse, ser agradecidos y traer recuerdos bonitos a la memoria. Las fresas y arándanos estimulan la producción de dopamina, a la que llaman "la hormona del placer". El chocolate y 8 horas de sueño también ayudan. La oxitocina sirve para estrechar vínculos emocionales y para producirla puedes acariciar a tu mascota o dar abrazos. La serotonina se encarga de regular los estados de ánimo y se multiplica cuando haces un acto de bondad o creas un diario de gratitud.

Así, *a calzón quitao...*

Mi primer viaje como escritora después de la pandemia fue a Puerto Rico. Fui parte de un *summit* de escritores en el que hablé de mi proceso creativo a la hora de escribir un libro. Luego de la charla, me senté, como hago siempre, ante la fila de lectores a firmar mis libros. Esas filas antes de la pandemia siempre habían sido de lectores que me conocían y me contaban cómo mis libros los habían ayudado. Esta vez fue diferente. Ninguno habló de mí ni de mis libros. Todos parecían llevarme un mensaje. De pronto, una señora llegó a decirme que ella cuidaba a su hijo que había nacido con parálisis cerebral, y que ahora yo la había inspirado a escribir su propio libro. Otra llegó con un caminador y me dijo que se estaba quedando paralítica, pero que no perdía la esperanza. Otra me contó que había perdido a su hijo a causa del coronavirus. Todos esos mensajes me llegaron al alma... No solo por lo que vivo en mi casa, sino porque todas esas voces fuertes me dieron valor para escribir y seguir ayudando. Era como si Dios me hubiera mandado un mensaje de fortaleza con cada uno de ellos. Y de esto estoy más que segura, porque la vida me ha ido soltando las pruebas de que en este camino doloroso que a veces nos toca transitar, Dios se encargará de que aparezcan las personas que pueden ayudarte.

Durante todo este proceso, te lo confieso a *calzón quitao*, he pasado por todas las etapas. He sentido crisis de fe: "¿Por qué le pasa esto a mi mamá que lo que más amaba era hablar y caminar y se quedó muda y paralítica? ¿Por qué, si mi papá se cuidaba tanto el cerebro, le dio Alzheimer?".

Dejé de ir a misa los domingos, cambié de iglesia y ahora voy los martes a una donde va menos gente y el sacerdote llega más rápido a mi corazón. Creo que el cambio se debió a la vergüenza que me da mi crisis de fe. Cada vez que voy a misa se me salen las lágrimas. Sí, me da vergüenza con Dios, y a la vez le hago preguntas que quiero creer que Él mismo contestará más adelante. Esto me ha llevado a querer aprender más sobre lo que dicen las religiones sobre el sufrimiento, y reconozco que lo que más sentido tiene es que experimentar el dolor te sirve para crecer espiritualmente.

"El sufrimiento produce perseverancia; la perseverancia, entereza de carácter; y la entereza de carácter, esperanza".

ROMANOS 5:3-4

Los budistas, por ejemplo, tienen sus 4 nobles verdades:

1. La vida es sufrimiento.
2. La causa del sufrimiento es el deseo.
3. El fin del sufrimiento es el fin del deseo.
4. Existe un camino que nos aleja del deseo y del sufrimiento.

Los budistas creen que para acabar con el sufrimiento primero hay que aceptarlo, y que para minimizar el sufrimiento en el mundo hay que seguir estos pasos y hacer todo correctamente:

1. **No juzgar.** Nadie tiene por qué condenar, aprobar o juzgar el comportamiento de nadie.
2. **Establecer propósitos nobles para tu vida.** Eso aportará paz y un gran significado a tus proyectos.
3. **Que tus palabras nunca hieran a nadie.**
4. **No hacer sufrir a nadie intencionalmente.**
5. **Cuidar tu mente.** Cuando se carga de emociones, pierde el poder.

El hinduismo, por su parte, asegura que el sufrimiento es el castigo que recibimos en esta vida por los pecados que hemos cometido en otras. Curiosamente, para ellos no existiría el placer si no existiera el sufrimiento. Por su parte, los musulmanes creen que sufrir es la manera de fortalecer la fe y regresar al arrepentimiento y a hacer buenas obras. Los católicos creen que el sufrimiento es una oportunidad para crecer en la fe, un misterio que nos debe acercar a Dios.

En un viaje que hice a Santo Domingo conocí a una monjita llamada *sister* Glenys. Se acercó a mí mientras yo presentaba el libro de Charytín en medio de las conferencias de *Days to Shine* y me dijo que había leído *La mujer de mis sueños*. Recuerdo que le dije que era la primera amiga monja que iba a tener y se rio mucho. Ella viaja por el mundo ayudando a los desamparados, y a quién mejor que a ella que vive el dolor de la humanidad tan de cerca para preguntarle cómo podemos encontrar la fe en el sufrimiento. "Solo agarrándonos fuertemente de Dios y abandonándonos a Él, pensando que todo cuanto Él permite es por nuestro bien y salvación", asegura convencida *sister* Glenys. "Porque tanto el creyente como el no creyente son igualmente golpeados por el dolor; pero quien es reconfortado por la fe tiene mayores motivaciones para sobrellevar el sufrimiento y no hundirse en la desesperación".

Según ella, el sufrimiento nos debe enseñar que todo pasa, que solo Dios basta. También que en el sufrimiento nos purificamos y nos desprendemos de todo, dándole a Dios su verdadero valor. Lo que es muy cierto es que el sufrimiento nos hace mucho más resistentes y capaces de superar las dificultades.

"Qué le ha enseñado a mi amiga monjita ver de tan cerca el sufrimiento?", le pregunté y así me respondió: "Bueno es difícil, pero hablando desde la honestidad…, durante un tiempo sentí mucho la ausencia de mi Dios, como si Él se me escondiera… Mientras muchos decían que me veían con paz, sentía mucha ansiedad. Por la fe pude mantenerme con esperanza, paciencia, orar, y hablar con María… Le decía al Señor que me diera su gracia y su fuerza porque muchas veces pensaba que no iba a poder resistir; pero la fe es la clave para poder vivir más en Dios. Y hoy me siento agradecida de que he podido mantenerme por su gracia, sin caer en ninguna adicción. Gracias a Él que vive en mí".

Oye, ahí te hablan...

Confieso que soy católica, pero desde aquella vez que entrevisté al autor de *Muchas vidas, muchos maestros*, el psiquiatra Brian Weiss, quien cree ciegamente en la reencarnación, se quedó sembrada en mi corazón esa idea de que en cada vida que vivimos tenemos la religión que nos hace falta aprender. Gracias a él entiendo y respeto las creencias de cada persona, siempre y cuando le hagan convertirse en un mejor ser humano. Las religiones no deberían dividirnos, sino multiplicar las maneras que tenemos de recibir los mensajes divinos.

Uno de esos personajes que sigo porque siento que nutre el alma es el pastor Joel Osteen. Cada uno de sus mensajes es un abrazo que calma. Te comparto este, que sana el alma en momentos de angustia y que nos ayuda a quitarnos de encima ese peso que no nos deja avanzar. Leyéndolo te das cuenta de cómo esos momentos de angustia que vivimos pueden servirnos. Sí, leíste bien: servirnos. A mí estas palabras me regalan paz, y espero que a ti te pase lo mismo:

Él no prometió que nunca tendríamos angustia, dolor, desilusión, pérdida, contratiempos. Pero sí prometió que todo resultaría para nuestro bien, y esa parte que es dolorosa, que no parece tener ningún sentido, cuando todo se una, encajará perfectamente en su lugar. La clave es lo que hacemos en nuestros momentos de dolor. El dolor nos cambiará. La angustia, la pérdida, las decepciones, no nos dejan igual. Cuando perdí a mi padre, no salí como antes, fui cambiado. Si pasas por un divorcio, una batalla legal, un amigo te traiciona, eventualmente eso pasará. Lo superarás, pero serás diferente.

Ahora, cómo te cambie el dolor depende de ti. Puedes salir amargado o puedes salir mejor. Puedes salir culpando a Dios o puedes salir más fuerte, con una mayor confianza en Dios. Puedes salir derrotado, renunciando a tus sueños, o puedes salir con una nueva pasión, un nuevo fuego, entusiasmado con las nuevas oportunidades que se te presentan.

Todos experimentamos dolor. Mi desafío, no es solo que lo superes, sino que crezcas a través de él. Esa dificultad que vives es una oportunidad para fortalecerse, para desarrollar el carácter, para ganar nueva confianza. Cualquiera puede darse por vencido. Cualquiera puede dejar que eso le abrume. ¿Pero sabes lo que está haciendo eso? Desperdiciando tu dolor. Ese dolor no está ahí para detenerte. Está ahí para prepararte, aumentarte, desarrollarte.

Estas palabras de Osteen me hacen pensar en la oportunidad de hacer de toda esa carga que nos pesa, una carga extraordinaria de valor, compasión y mucha fortaleza.

GUÁRDALO
en tu alma

A partir de hoy, yo quiero que, como en aquella mesa de mis amigos judíos, no te olvides de echarle dulce a ese saborcito amargo que te está haciendo saborear la vida.

Lo que es muy cierto es que el sufrimiento nos hace mucho más resistentes y más capaces de superar las dificultades.

Dios se encargará de que aparezcan las personas que pueden ayudarte.

Aun en medio de las tormentas, hay una nubecita que se corre para que vuelva a salir el sol.

Te voy a decir algo que vas a sentir como una palmadita en la espalda: no te sientas culpable de buscar una distracción que te saque una sonrisa. La necesitas.

Esa dificultad que vives es una oportunidad para fortalecerte, para desarrollar el carácter, para ganar nueva confianza. Cualquiera puede darse por vencido. Cualquiera puede dejar que eso le abrume. ¿Pero sabes lo que está haciendo eso? Desperdiciando tu dolor.

CAPÍTULO 2

Mi dolor y el tuyo: no se vale hacer comparaciones

Si algo he aprendido de la vida, es que a veces te hace ser testigo de situaciones que, sin sospecharlo, vas a vivir después. Recuerdo que cuando se enfermó el papá de mi querido compañero de trabajo Raúl González, sentí mucha compasión por él y su familia. Raúl es uno de los mejores hijos que he conocido y aún recuerdo el momento en que en pleno *show* de *Despierta América*, en vivo, sonó mi teléfono mientras yo estaba en el *control room*. Era una amiga muy querida de Raúl para contarme que acababan de llegar los resultados de los exámenes del papá de Raúl y que tenía cáncer. Inmediatamente Raúl se fue a su casa, y en ese momento comenzó un proceso muy triste que se vivió entre el hospital y su hogar. Raúl nunca dejó de trabajar, y creo que nadie que viera *Despierta América* durante ese tiempo haya logrado percatarse de la pena tan grande que tenía. El entusiasmo de Raúl ante las cámaras e incluso sus segmentos de humor, tan divertidos, no hacían sospechar la inmensa pena que llevaba por dentro.

Recuerdo una vez que salí a caminar con mi esposo y le comenté mi admiración por el gran amor y la pasión que Raúl sentía por su trabajo. "Nunca ha faltado ni ha puesto a su papá de excusa para faltar al programa", le dije. "Hay mucho que aprender de su actitud tan responsable. No entiendo cómo puede hacerlo. Debe ser horrible tener en tu casa a alguien enfermo".

Unos meses después, la vida me estaba haciendo entender lo que vivió Raúl, y rápidamente comprendí que dedicarnos a lo que nos apasiona mientras estamos viviendo un momento difícil es como descubrir un pozo de agua para calmar la sed en medio del desierto.

Los dolores nunca se deben comparar. Todos tenemos el mismo derecho a vivirlos y, sobre todo, a buscar maneras de aligerar la carga que a veces se hace tan pesada. El papá de Raúl falleció en plena pandemia y ahí estuvimos todos abrazándonos en la iglesia cuando abrazarse era prohibido. Ver ese abrazo de él a Estrella, su mamá, y a su hermana, nos confirmó que la unión de la familia siempre será la mejor vitamina para el alma. Raúl es una de las almas bonitas que son parte de este libro.

¿Qué le diría él a un hijo o una hija que vive con un papá enfermo? Aquí está su carta para ti, que quizás tanto necesites leerla hoy.

Carta a un hijo que perdió a su padre

Por Raúl González

Hola.

Ante todo, recibe mi saludo y un abrazo fuerte, apretado, que te llegue al alma. Quiero que sepas que podría decirte que sé exactamente por lo que estás pasando, pero desafortunadamente cada quien vive el proceso de diferente manera.

En el mío, mi padre fue diagnosticado con cáncer de próstata a los 81 años. Ese cáncer se expandió hacia su vejiga, cadera, huesos y cerebro, hasta que lo llevó a la muerte al cabo de dos años.

Lo que sí sé es que en cualquier caso son días duros, difíciles. Escuchar impotente sus quejas por el dolor que sufría fue una de las experiencias más desgarradoras y desesperantes de mi vida. Mi padre, mi héroe, un hombre siempre lúcido, fornido, con una personalidad envidiable que embrujaba a todos en cuanto ponía pie en un lugar, se había convertido en alguien frágil e indefenso que ya no podía valerse por sí mismo. Eso le hizo más daño que su propia enfermedad.

A pesar de la situación, nunca dejé de trabajar. Lo hacía por mí y por él. Amaba verme haciendo mi trabajo. Me refugiaba en Dios, en mi familia y en mi trabajo para sobrellevar el largo, doloroso y triste proceso.

Si vives junto a un ser querido que está enfermo, aprovecha los momentos de lucidez para dejarle saber cuánto lo amas, cuánto lo admiras... Yo lo hice con mi papá y lo cuidé hasta el último respiro de su vida. Eso me dio paz.

Vivimos momentos inolvidables en los que ambos sanamos cualquier herida, resentimiento y aclaramos cualquier situación que en algún momento pudo haber creado un distanciamiento o rencor entre nosotros. Por recomendación de mi amiga María Antonieta Collins, grabé su voz en mi celular e hice un par de videos que confieso aún no me he atrevido a ver ni a escuchar a casi 3 años de su partida.

Esto es un proceso. Vívelo un día a la vez. Hay que ser fuerte, caminar con fe. Entrégaselo a Dios y la carga será menor.

Te abrazo fuerte,
Raúl González

Tu sueño puede ser mi pesadilla

Puedo decir, sin temor a equivocarme, que he aprendido más de la vida en los últimos tres años que en toda mi vida. Siempre he sido observadora y muy curiosa. A todo le quiero sacar un por qué, y no quiero que nada de lo que vivo pase sin que yo entienda la razón por la que me tocó vivirlo.

Cuando mi papá murió yo aprendí a ser más feliz. Entendí que cuando los que amamos se van de este mundo, lo único que queda es el amor y los buenos recuerdos, y esos nos vuelven a sacar a flote. Siempre le pedí a Dios que me dejara vivir ese duelo en paz, sin angustias ni remordimientos, y lo logré. Me servía mucho imaginármelo en los brazos de la Virgen. De hecho, esa imagen fue lo primero que se me vino a la mente en el instante en que me avisaron que había fallecido.

Después de su muerte, comenzó el proceso de convertirme en lo que soñaba, y no dudo que ese valor que me hacía falta haya sido, en parte, el resultado de enfrentarme cara a cara con el dolor de perderlo.

Cuando mi papá se me fue, ya nada me parecía tan difícil. Esa es la parte buena de lo malo, que te cambia la perspectiva de todo en un segundo. El dolor hace que cambies tus prioridades, que le des más importancia a lo que antes no la tenía, porque el dolor vuelve visible lo que antes era invisible.

Curiosamente, mientras investigaba las maneras de aliviar el dolor, encontré una frase que da esperanza y que me pareció muy real: "El hueco del dolor nunca se cierra, pero hay vida que crece alrededor". La fórmula le pertenece a la autora Lois Tonkin, quien cree que la tristeza puede permanecer en ti, pero que si nos abrimos a la posibilidad de experimentar nuevas cosas y le abrimos la puerta a nuevas personas en nuestra vida, la alegría también puede crecer alrededor.

Eso que nunca imaginaste...

A mí nunca me pasó por la cabeza que mi mamá, que hablaba hasta por los codos y le encantaba caminar, iba a quedarse muda y paralítica. Siempre he agradecido tenerla con buena salud, pero nunca, por ejemplo, se me ocurrió pensar que un día no me iba a contestar el teléfono.

Cuando yo era niña, mi miedo más grande era perderla, que se muriera. La orfandad siempre me ha parecido injusta. Recuerdo que cuando ella salía al mercado y yo me quedaba en casa con mi papá, lo enloquecía preguntándole a qué hora volvería mi mamá. Un día que se demoró más de la cuenta y que me encontró llorando a mares, me dijo que no me preocupara y me hizo una promesa: que ella nunca se iba a morir dejándome chiquita porque ella se iba a morir muy viejita. Yo tendría 4 años y recuerdo perfectamente que le creí. Me quedé convencida de que yo nunca iba a ser huérfana. Hace poco, me escribió en su tablero: "¿Viste que te cumplí lo que te prometí? Me voy a morir muy viejita".

Uno de los milagros que he visto en mi mamá es que durante este proceso Dios la ha convertido en un ser humano calmado y flexible. Ella ha aceptado su enfermedad sin quejarse, sin perder el sentido del humor y sin hacer drama alguno. Si alguien me hubiera dicho que ella iba a reaccionar así, no lo hubiera creído, porque siempre hizo en la vida lo que le dio la gana y no era de las que se adaptaba fácilmente a lo que no le gustaba.

Estos procesos difíciles que nos toca vivir deben servir para aprender al pie de la letra las lecciones que podamos contar. Porque si no aprendes las lecciones estás condenado a repetir los maestros.

Hoy en día vivo más consciente de agradecer las cosas normales, las que damos por sentado. Otra cosa que es importante mencionar es cómo el dolor puede unir más a una familia o separarla, porque cada persona tiene una manera diferente de vivirlo. A mí no me alcanzará la vida para agradecerle a mi esposo y a mi hija que hayan entendido mi dolor y que, incluso, hayan querido disimular el suyo para que el mío no fuera mayor.

Cuando hay un enfermo en la familia hay que respetar el duelo de cada uno y nunca crear más problemas de los que ya trae la enfermedad. Es momento de unirse, de sumar y, sobre todo, de aprender estando unidos. Cuando sufrimos pensamos que nuestro dolor es el más grande.

Mi querida amiga Paola Gutiérrez, quien tiene a su mamá sufriendo de Alzheimer, me dijo un día que estábamos hablando de nuestras mamás: "Lo que yo diera por que mi mamá me respondiera o me escribiera un texto…". Esa frase entró en mi corazón como una bala. En ese momento entendí que el sueño de Paola es hoy mi tristeza: que solo me pueda comunicar con mi mamá por escrito. Aunque agradezco infinitamente a Dios que me permita comunicarme con mi mamá por texto, confieso que me hace mucha falta escuchar su voz, y creo que nunca me acostumbraré a no volver a escucharla. Paola me enseñó a agradecer lo que antes veía como la consecuencia de un problema.

Esto te lo cuento con tanto detalle porque sé que si a mí no se me ocurrió agradecer cuando yo hablaba con mi mamá, quizás a ti tampoco. Y es tan importante agradecer todo lo que día a día damos por sentado. De esa manera, apreciamos más la vida.

Otra de las cosas que he aprendido viviendo este proceso es a no quejarme. Y que conste que entiendo perfectamente al que se para frente a Dios y le pregunta "¿por qué?", aunque dicen que la pregunta correcta siempre será "¿para qué?". Estoy segura de que hay alguien que está viviendo en este preciso momento algo más doloroso de lo que a uno le está tocando vivir.

El renombrado Stephen Hawking, una de las mentes más brillantes del mundo y quien desde los 21 años vivió con una enfermedad degenerativa que lo paralizó, dijo: "Quejarse es inútil y una pérdida de tiempo. No lo pienso hacer nunca". Que una persona en su estado no se haya quejado es, sin duda, una gran lección de vida.

Cada vez que me viene a la cabeza un motivo de queja, lo reemplazo por un motivo de agradecimiento, y créeme que si empiezas a analizarlo verás que en tu vida siempre hay mucho que agradecer. En este momento de mi vida, cuando escucho a una persona quejarse, por ejemplo, de que se tiene que mudar porque compró una casa más grande y no sabe por dónde empezar, recuerdo aquellos días en que yo tampoco caía en cuenta de que quejarse porque nos está pasando algo bueno es maldecir a la suerte, sin darte cuenta. Lo bonito es que ahora que conoces mejor la vida, te das cuenta de que esas cosas maravillosas son las que antes no veías: una sonrisa en la cara de mi mamá es hoy para mí el regalo más valioso.

El solo hecho de amanecer vivos nos debe impulsar a intentarlo todo de nuevo. Esa es la manera en que la vida se encarga de regalarnos los milagros: cuando comienzas a confiar en que te sucederán cosas maravillosas. Y quiero que quede muy claro que en la vida hay que denunciar cuando algo está mal para buscar una solución, pero no vivir quejándose solo porque quieres que las personas a tu alrededor te tengan lástima.

Las vueltas que da la vida también te hacen darle el valor a cada cosa. En el clóset de mi mamá, por ejemplo, está intacta su ropa, sus carteras y sus zapatos. Nada de eso lo usa hoy porque vive empijamada (cosa que odiaba antes, pues siempre se levantaba directo al baño, y desde la mañana estaba de punta en blanco). Entonces, cuando lo abro y veo todo aquello que ya no es importante, me doy cuenta del verdadero valor de lo que tenemos.

GUÁRDALO
en tu alma

*Los dolores nunca se deben comparar. Todos tenemos el
mismo derecho a vivirlos y, sobre todo, a buscar maneras
de aligerar la carga que a veces se hace tan pesada.*

———————

*El solo hecho de amanecer vivos nos debe impulsar
a intentarlo todo de nuevo. Esa es la manera en
que la vida se encarga de regalarnos los milagros:
cuando comienzas a confiar en que te sucederán
cosas maravillosas.*

———————

*Cada vez que me viene a la cabeza un motivo de queja,
lo reemplazo por un motivo de agradecimiento, y créeme
que si empiezas a analizarlo verás que en tu vida
siempre hay mucho que agradecer.*

———————

*El dolor hace que cambies tus prioridades, que le des
más importancia a lo que antes no la tenía, porque
el dolor vuelve visible lo que antes era invisible.*

———————

CAPÍTULO 3

Las penas de amor merecen un capítulo aparte

"La peor forma de extrañar a alguien es sentarse a su lado y saber que nunca lo podrás tener".

GABRIEL GARCÍA MÁRQUEZ

Te voy a contar la historia de mi amiga Mariangélica, que cuando supo que estaba escribiendo este libro me dijo: "Tienes que darle importancia en esas páginas a las penas de amor. Yo sé que es mucho más horrible ver morir a alguien y no quiero herir más a una viuda, pero Luzma, las que una vez sufrimos por una traición de amor fuimos viudas de un muerto parado".

Sí, sin duda las penas de amor merecen un capítulo aparte y Mariangélica lo sabe. Cuando tenía 25 años su novio, con quien llevaba 7 años de romance, le puso los cuernos. "La misma mujer con quien me traicionó me llamó para contármelo. Él había sido mi novio desde los 18 años y nos íbamos a casar. Nunca sospeché nada. Él era mi mejor amigo. Eso fue lo que más me dolió: perder a mi mejor amigo".

Mariangélica confrontó a Alberto y él se lo negó. Pero con lo que él no contaba era con que todos los amigos comunes, que no querían ser sus cómplices, le confirmaron que él la estaba traicionando. "Mi vida quedó como en pausa. Era como si ese futuro que yo me había imaginado junto a él de pronto hubiera desaparecido, y yo me quedé sin él, sin nuestros sueños comunes, sin padre para los hijos que yo deseaba darle, sin mi mejor amigo. Fue como si de pronto perdiera el control de mi destino. Me alejé de todo lo que tuviera que ver con él para no sufrir más, pero el proceso fue muy doloroso. De noche me despertaba la tristeza. Te juro que abría los ojos y los sentía encharcados en lágrimas".

Mariangélica asegura hoy que esa época ha sido la más difícil de su vida. Recuerda que perdió hasta el apetito, siendo una mujer muy comelona, y que bajó mucho de peso (aseguraba muy seria que es la única vez en su vida que la comida no le pasaba de la garganta). Y salpica con humor su historia de dolor recordando cómo iba todos los fines de semana a la peluquería a hacerse algo nuevo en el pelo.

"Era mi escape. Yo quería que todo empezara de nuevo y se me pasara todo lo doloroso que sentía, saliendo rubia de la peluquería. Sentía que todas las canciones de desamor eran escritas para mí y me quedaba desvelada en la noche pensando que él iba a regresar una noche a tocar la puerta, a pedirme perdón y a decirme que no podía vivir sin mí".

La historia de mi amiga ocurrió hace más de 20 años y tuvo un final feliz. Al año de haber terminado con su novio conoció a un divorciado con quien se casó y hoy tienen 3 hijos. "Lo único que me ayudó a perdonar a aquel primer amor fue entender algo muy simple: que no me amó. Cuando amas de verdad, no traicionas. Sufrí mucho deseando que volviera, pero un día, mientras me estaba bañando, entró a mi mente este pensamiento: 'Si te hubiera amado no te hubiera hecho daño'". Y ese día, secándose las lágrimas que se confundían con las gotas de agua que recorrían su cuerpo desnudo, Mariangélica entendió que aquel hombre no merecía ni una lágrima más.

"Cuando piensas que él va a regresar diciéndote que te ama, lo inventas para ponerle curitas a tu ego herido. Yo aprendí que cuando asumes la realidad, o sea, que esa persona realmente no te quiere, tu ego sufre, pero la herida sana más rápidamente", admite hoy convencida. "Las penas de amor hay que vivirlas de una forma realista, sin drama. Cuando las musicalizamos o empezamos a preguntarle a todos los amigos comunes por la otra persona, sufrimos más. Es mejor ni siquiera pensar que va a regresar ni ir a buscarlo. Ni escribirle, porque albergar la esperanza hace crecer la herida. Si vuelve y pide perdón, hay que dar gracias a Dios por el milagro. Mientras tanto hay que secarse las lágrimas y salir con amigos, viajar y conocer gente nueva. Quedarse encerrada solo multiplicará la tristeza".

Nadie te enseña a ser una divorciada feliz, pero en eso Meli tiene experiencia

Melissa Escobar es mi amiga desde hace más de 30 años. La conocí cuando yo era directora de la revista *Cristina* y estaba buscando a una reportera que escribiera muy bien. En aquel entonces yo tenía 24 años y ella 21.

El día que fue a mi oficina se disfrazó de treintona, según me cuenta ella hoy, para impresionarme. Llegó vestida de señora seria y hasta usando una cartera de sobre, que por allá en los 90 era un accesorio que mostraba madurez. Cuando empecé a entrevistarla me cautivó su inteligencia, y leerla fue la confirmación de que la posición era suya.

Meli estaba recién graduada de periodista y aceptó el trabajo inmediatamente. Se había casado hacía poco con Manuel Teodoro, quien también era periodista, y al aceptar su nuevo trabajo comenzaba a vivir dos lunas de miel al mismo tiempo. La dicha de trabajar juntas duró poco porque a Manuel le dieron un buen trabajo en Colombia y la pareja se mudó de Miami a Bogotá.

Al poco tiempo de irse a Colombia recibí una llamada de Meli contándome que se iba a divorciar. Lo decidieron sin peleas ni drama. No eran felices juntos y la mejor salida era separarse. En esa época ella trabajaba desde Colombia para *Sábado Gigante*, y en uno de sus viajes a Miami coincidimos en las oficinas de Univision, mientras yo estaba reunida con Cristina. "¿Qué está haciendo Melissa?", me preguntó Cristina, y a los 5 minutos me dijo: "Dile que se venga, que le quiero dar trabajo en *El show de Cristina*".

Pocos meses después Meli estaba soltera e instalada en Miami, brillando como productora de televisión. La verdad es que admiré mucho su manera de manejar el divorcio. Nunca se metió en el papel de víctima. La soltería no duró mucho porque al año siguiente ya había novio en puerta: un español encantador y muy trabajador que representaba artistas.

Luis Balaguer era el personaje perfecto para esta segunda oportunidad de Meli. Divertido, familiar, todos los amigos de Meli lo acogimos enseguida. Rápidamente hubo boda y el hogar de los Balaguer Escobar se convirtió en el centro de reunión de todos nosotros. Allí nos reuníamos los fines de semana para bautizos, primeras comuniones, cumpleaños o simplemente para pasarla bien. El éxito de Luis fue creciendo como empresario hasta ser hoy en día el mánager de Sofía Vergara, la actriz latina mejor pagada de Hollywood. Meli y Luis tuvieron 3 hijos y, 25 años después, en medio de la pandemia, un *post* de Instagram nos anunciaba que habían decidido divorciarse.

¿Qué pasa por tu vida cuando lo tienes todo y de pronto te quedas sola? Le pedí a Meli que lo escribiera en estas páginas. Nadie lo podía escribir y describir mejor que ella.

Carta a una divorciada
Por Melissa Escobar

Nadie te va a enseñar a ser una divorciada feliz. Todas hemos estado expuestas a consejos familiares, lecciones espirituales y recomendaciones de terapistas de cómo ser exitosas en roles de esposas, madres, hijas, empresarias. Sabemos actuar incluso ante enfermedades, tragedias y pérdidas de todo tipo. Sin embargo, nos suena extraño que pueda existir un modelo de ex excelente cuando esto debería ser muy importante porque ahí se pudre, se estanca o florece una de las relaciones más importantes que te acompañarán, quieras o no, por el resto de la vida.

Cuando uno inicia o termina un proceso de separación o divorcio llega, después de muchos altibajos familiares, sociales, sentimentales y financieros, al incierto purgatorio de las mujeres divorciadas. Llegar es como entrar por un oscuro túnel a una fría estación de tren o a las salas de espera de los aeropuertos en la madrugada. Ahí, asustadas y confundidas, deambulamos mujeres de todas las edades, clases, estilos de belleza, nacionalidades, religiones, profesiones y razas. No importa cómo llegamos ni de dónde venimos, ni cuántos meses tiene el difunto matrimonio, ni los motivos de la separación, ni si odias o sigues amando al hombre que ya no está en el contrato de vida. Todas llegamos a este sitio en un estado humillante y derrotado de nueva soltería y angustiosa soledad.

En este limbo muchas se quedan atascadas por años, paralizadas en el dolor del pasado y del presente, odiando y odiándose, cultivando miedos sin aprovechar el regalo de poder enfocarse en el futuro. La "tragedia" es una tremenda oportunidad de reinventarnos, de aprovechar el poder divino de empezar otra vez y con más herramientas. El empoderamiento viene cuando nos damos cuenta de que estamos en condiciones envidiables y que podemos, a diferencia de nuestras amigas mal casadas, comprar un boleto para salir del limbo, vivir nuevas aventuras y escribir el mejor capítulo de nuestras vidas como nos dé la gana.

Pero para salir del hueco, primero tienes que purgar los demonios del pasado y eso solo lo logras poniendo fin al festival de tormentos que el dolor celebra en tu honor. Para apagar la música, desinflar los globos y desmantelar el fiestón debes entrar por la puerta grande y tomar el control. Después de todo, la protagonista de tu dolor eres tú y solo tú. Tu objetivo es conocer y reconocer el alcance de tus sufrimientos para finalmente lidiar con ellos notando cuánto te afectan y debilitan. Acepta que ese dolor con tentáculos nace de un evento que ya no puedes controlar y que tienes que soltarlo. Acepta con humildad que tu final con ese hombre le ha dado a tu ego como a una piñata barata, pero ya la fiesta del dolor se acabó. Desenchufa la música, echa a todos fuera, cierra la puerta, pon en orden tu vida y ponte bonita, que es hora de darle la bienvenida a algo mejor.

Ahora viene mi primera recomendación, que a muchas no les gusta. Luego de soltar lo negativo, en un acto de generosidad, esmérate en identificar, para seguir adelante, todo lo bueno que ese hombre trajo a tu vida. Nadie pierde todo. Siempre queda algo que salvar, que rescatar, que agradecer. Entre todo el veneno rescata un momento feliz: el regalo que te dio cuando no tenían un centavo, la manera cómo te miraba cuando te enamoró, cómo cargaba a tu primer bebé, los viajes, las lecciones de vida, algo. Pase lo que pase no salgas totalmente perdedora y con las manos vacías.

Desprendida de las cargas puedes concentrar todas tus energías en volar liviana a un mejor futuro. Si tu matrimonio se acabó, no era bueno. Te mereces otro mejor, si es que te quedó gustando eso de tener marido o tal vez ahora prefieras una vida más independiente y sin amantes, o más amantes y menos cargas. Tal vez guardaste sueños, cambiaste tus metas, perdiste tu esencia en esa vida con él y ahora es tu momento de volver a rescatarlo todo. El menú de posibilidades en el nuevo capítulo de tu vida no tiene límites, y esa libertad de volver a empezar con lecciones aprendidas es maravillosa.

Ahora, la pregunta más importante y que requiere para su respuesta de tiempo y espiritualidad con perspectiva es: ¿qué tipo de ex aspiras a ser en lo adelante para sanar tu relación y vivir lo más felizmente posible? La perspectiva de futuro de mi familia cambió cuando toqué fondo en la soledad del purgatorio e intuitivamente me pregunté y, por fin, me respondí esa pregunta.

Una buena manera de ayudarnos a responder es escoger un suceso importante que seguramente los dos compartirán, no en el futuro inmediato, sino en 5 años o más (bodas, graduaciones, funerales, cumpleaños, fiestas, etc.) e imaginar cómo tu mejor versión viviría ese encuentro con él. Piensa, ¿qué tipo de mujer quieres ser entonces?; ¿qué sentirías?; ¿cómo crees que lucirías físicamente?; ¿cómo harías tu entrada triunfal a ese evento?; ¿cómo te gustaría que te vieran tus hijos y familiares?; ¿cómo te imaginas cuando pasen los años?

En mi caso, he conquistado (no sufrido) dos divorcios: el primero, después de 1 año de matrimonio y el segundo, después de 25 años. A mis dos exmaridos no solo les sigo enviando emojis con corazones en sus cumpleaños, sino que, además, les donaría un riñón si lo necesitaran. Se lo merecen, aunque en una época me rompieran el corazón. Me siento orgullosa de haber salido del limbo de mi segundo esposo y padre de mis tres hijos de la mejor manera. Cuando decidimos divorciarnos, lo logramos, para sorpresa de muchos y contra todas las expectativas, de una manera muy respetuosa, amorosa y civilizada y en tiempo récord.

Como ex excelente que soy, no voy a compartir detalles innecesarios de la ruptura, pero quiero resaltar que fue él quien planteó su descontento con un matrimonio que yo consideraba muy feliz. Sin embargo, estoy segura de que la próxima relación de mi vida será aún más maravillosa, en parte, gracias a lo que aprendí de mí estando con él y, sobre todo, por lo que rescaté de mí sin él.

Yo decidí que no iba a ser una ex victimizada. A pesar de mi resentimiento e ira decidí que no me convertiría en miembro de esa hermandad de mujeres heridas que se marinan en odio y lo convierten en su nueva identidad. No iba a perder mi dignidad ni a dejar que nadie me pobreteara en un mundo donde tantas mujeres superan la pérdida de hijos, duras aflicciones de salud o son víctimas de sucesos realmente trágicos. Las ex victimizadas existen en el dolor y autosabotean su bienestar porque renuncian a la responsabilidad de salir adelante felices e independientes, como guerreras. En vez de buscar ayuda profesional y/o espiritual se van convirtiendo en una carga familiar, en seres dependientes de la compasión y los consejos de otros y sin oportunidad de crecer. Ninguna mujer debe llegar al punto de necesitar compasión ante la "tragedia" de ya no tener a un hombre a su lado, cuando existen tantos.

Yo opté por lo contrario y recluté a mis amigos y familiares para ser cómplices de una nueva era que asumía con esperanza. Tomé las riendas de mi bienestar emocional poniéndome en manos de una excelente terapista, de grandes autores de libros de autoayuda, de amigos positivos y, por supuesto, de Dios.

Admito que para mí fue más fácil llenarme de luz porque estuve casada con un hombre que hasta que le alcanzó el amor fue maravilloso y porque en la ruptura no hubo otra de por medio. Para no caer en los patrones de la ex victimizada ni de la ex tóxica me prometí respetar y defender mi historia de amor de principio a fin, contra viento y marea, porque es mía, de mis hijos y de él. Rescaté nuestros momentos más felices y los puse sobre un pedestal para siempre. Me desprendí de todo lo malo que existía y lo borré, porque ese hombre me dio a mis hijos, entre muchos otros momentos y regalos hermosos, y no es justo pisotear lo que brilló lindo en una unión que en mi caso duró un cuarto de siglo, para castigarla porque se enfermó y murió. Contra la corriente popular juré que jamás permitiría que nadie a mi alrededor hablara mal o irrespetara al hombre a quien tanto amé. Por el contrario, debía ser justa. Si yo no valía menos ni era menos digna de amor y respeto por no estar con él, lo mismo se aplicaría a él. Cuando familiares, amigos, colegas o conocidos, en un generoso gesto de apoyo descargaban comentarios negativos dirigidos a él, yo tranquilamente expresaba mi consigna de desearle lo mejor. Me salía de un modo orgánico porque realmente anhelaba paz y visitar el pasado purgado me aburría.

Siempre gano porque aprendo algo que me ayuda a crecer. Ese es el tipo de mujer que escojo ser. Mi fórmula fue ir cambiando la "tragedia" por la aventura y esto aceleró enormemente mi proceso de sanación llenándome de momentos felices y más acordes con una nueva realidad donde la protagonista soy yo y no yo sin él.

Después de haber derramado toneladas de lágrimas en la productiva madrugada donde tomé la decisión de salir de mi purgatorio, me miré al espejo, orgullosa de la fuerza de mi espíritu en paz. Tenía los ojos hinchados, las uñas carcomidas y las canas a flor de piel. Estaba vestida con los pantalones de hacer ejercicio que me pongo cuando subo más de cinco kilos y ya no me entran los *jeans*. Me había enfocado tanto en sanar mi espíritu que había descuidado mi cuerpo. Estaba hecha un desastre por fuera y eso no reflejaba lo nuevo y bonito que sentía por dentro y que, de cierta manera, había estado siempre.

Fue en ese momento cuando decidí que no iba a ser una ex deteriorada. Decidí a mis 52 años que el divorcio me iba a sentar bien y que haría lo posible por sanar bonita. Empecé a caminar en las mañanas, acompañada de audiolibros, y al reconectar con la naturaleza y el aire libre empezaron a desaparecer los kilos. Contraté un entrenador físico, aprendí de los libros de nutrición a comer mejor, conocí las maravillas del ayuno intermitente, volví a teñirme las canas y arreglarme las uñas y me compré mejores cremas antiarrugas y ropa nueva bien linda. Decidí que iba a sanar bonita y siento que voy muy bien. Cuando entré en las redes sociales como una mujer feliz con sueños nuevos, mi etiqueta en Instagram fue #sanandobonita.

Fue entonces cuando invité a mi ex y nos sentamos a hablar sin agendas escondidas y sin rencores. Le dije: "Lo único que yo quiero es que algún día tú y yo bailemos sabroso en la boda de nuestros hijos y compartamos la mesa cómodos y felices". Después de un abrazo corto y lloroso vino otra promesa: "Y, por favor, seamos *nice* con los reemplazos". Nos reímos y bromeamos como antes, pero ya no éramos los mismos.

Ninguno de mis hijos se ha casado aún, pero hace un par de meses asistimos a la boda de nuestro sobrino que, aunque es mío de sangre, sigue siendo suyo para siempre. No bailamos juntos ni hubo reemplazos con quienes cumplir la promesa de actuar *nice*. Simplemente conversamos y celebramos felices. Esa noche comprobé que mi familia transformada ha florecido hermosa, y que él y yo, a diferencia de tantos divorciados, somos amigos. Ambos somos ex excelentes que han sabido sanar bonitos.

Pienso que en ambos divorcios la etapa más importante de mi sanación vino cuando sentí que sin una pareja yo no existía en soledad, sino en absoluta libertad, y cuando abracé ilusionada las recompensas del futuro en un mundo lleno de posibilidades. Para construir nuevos sueños me recordé en mi versión más feliz y vital, la que fui antes de convertirme en esposa. Saqué de un rincón olvidado mis alas y las desempolvé con la brisa de esos viejos y nuevos deseos que me garantizarían un destino bendecido.

Me hice tres listas: una lista de las cosas que siempre quise hacer y no logré, otra de los sueños que no cumplí y una tercera lista de las vivencias sencillas que me hacían feliz, pero de las que me había privado por tomar decisiones en familia. Las junté y con ilusión empecé a planear y actuar. Siempre quise pasar un año en la tierra de mi infancia, escribir una novela, saltar sola en un paracaídas, aprender a meditar, viajar más, tomar clases de baile, devorar libros, comer en la cama cuando estoy triste, saber cuál es mi helado favorito, visitar a mis amigas de la niñez en Medellín, acompañar a mis hijas a sus conciertos y bailar con ellas, ir a todas las graduaciones y bodas a las que me invitan, monetizar más mi creatividad, invertir en fundaciones con causas cercanas a mi corazón, ayudar a salvar los animales del Amazonas, tener más mascotas, certificarme como maestra de yoga y de buceo, aprender un tercer idioma a la perfección y muchas cosas más. Hasta el momento he disfrutado de muchísimas de estas cosas. La lista sigue creciendo.

Siento que soy más feliz que antes porque le di permiso a mis alas para volar en total libertad, porque comprendí que en esta nueva etapa todo lo puedo lograr porque me lo merezco y porque Dios, mi familia, mis amigos, el universo e incluso mis ex están de mi lado y unidos gracias a mi actitud. Ante los tropiezos, yo ejercí mi poder de vivir en la luz y de brillar con una buena energía que muchos me han dicho que es contagiosa y que les ha dado inspiración y lecciones de vida.

Espero que a ti también.

Melissa Escobar

GUÁRDALO
en tu alma

Cuando piensas que él va a regresar diciéndote que te ama, lo inventas para ponerle curitas a tu ego herido. Yo aprendí que cuando asumes la realidad, o sea, que esa persona realmente no te quiere, tu ego sufre, pero la herida sana más rápidamente.

———————

Me hice tres listas: una lista de las cosas que siempre quise hacer y no logré, otra de los sueños que no cumplí y una tercera lista de las vivencias sencillas que me hacían feliz, pero de las que me había privado por tomar decisiones en familia.

———————

Para construir nuevos sueños me recordé en mi mejor versión, en la más feliz y vital, antes de convertirme en esposa. Saqué de un rincón olvidado mis alas y las desempolvé con la brisa de esos viejos y nuevos deseos que me garantizarían un destino bendecido.

———————

La pregunta más importante y que requiere para su respuesta de tiempo y espiritualidad con perspectiva es: ¿Qué tipo de ex aspiras a ser en lo adelante para sanar tu relación y vivir lo más felizmente posible?

———————

CAPÍTULO 4

Que hablen los que saben

Confieso que nunca he visitado un psicólogo y no sé por qué, ya que admiro profundamente esa profesión. Y lo raro es que no he seguido esa moda a pesar de que en estos días lo más común del mundo es ir a terapia. Los jóvenes lo hacen como parte de su vida diaria, y eso me gusta porque lo veo como parte fundamental del entrenamiento de la vida.

Mi única respuesta a no haber buscado ayuda psicológica durante mi vida es quizás que me apasiona investigar para aprender, y luego eso que aprendo y siento que me sirve lo aplico en cada día que vivo. Esto te lo digo porque es válido que busques ayuda médica si sientes que tu tristeza no te deja agarrar vuelo de nuevo en la vida. Los dolores del alma merecen la misma atención que los dolores del cuerpo y nunca, bajo ningún concepto, te deben hacer sentir menospreciado.

La depresión es una enfermedad que no debe avergonzarte y para ella hay que buscar ayuda médica inmediatamente igual que si te doliera horriblemente la cabeza o el estómago. Tu vida es lo más importante y debes cuidarla siempre. La salud mental es crucial para vivir y merece toda la atención que podamos darle.

Lo que yo no podía hacer era escribir este libro sin traer el punto de vista de algunos profesionales que respeto. Marian Rojas Estapé, una psiquiatra española a quien descubrí en plena pandemia y fue parte de mi libro *El arte de no quedarte con las ganas* explica la felicidad de una manera que a mí me ha ayudado muchísimo. Ella dice que el dolor es la escuela de la fortaleza, y que vivir momentos difíciles puede ser un gran regalo ya que los golpes son transformadores y pueden sacar lo mejor que hay en ti.

"El sufrimiento enriquece la inteligencia, ya que nos ayuda a reflexionar. El dolor, cuando aparece, nos traslada a clarificar el sentido de nuestra vida", asegura Marian, y concluye sabiamente que cuando pasamos por esos momentos dolorosos en la vida es cuando conocemos la felicidad, ya que ser feliz consiste precisamente en ser capaz de superar las derrotas y levantarse después.

✔ ....

Y es justo aquí adonde quería llegar y tomarte por los hombros y mirarte a los ojos. Esta es la quinta lección que te quiero dejar: tú, y nadie más, eres quien puede decidir lo que vas a hacer con tu vida. Tú decides si sigues llorando en esa cama o sales a buscar paz para tu alma. Yo ahora sé lo que cuesta, y por eso empecé este libro pidiéndote perdón por invitarte a volar conmigo hacia el éxito sin saber que tus alas estaban rotas. Ahora que yo sé en carne propia cuánto pesa lo que nos pasa, quiero seguir con esa misma invitación, pero dándote las armas para que remiendes esas alas otra vez y emprendas vuelo.

¿Cómo se hace? ¿Cómo se logra levantar vuelo cuando la carga es tan pesada? Se lo pregunté a Laura Evelia, quien tiene una maestría en Psicología y es autora de varios libros. Uno de ellos es de mis favoritos: *Cuando no hay opción.*

....

¿Cómo se hace para continuar nuestra vida cuando vivimos con un sufrimiento?

Cuando se presenta un sufrimiento, es sumamente importante mantener la fe y encontrarle sentido a nuestra vida. Y ese es el desafío más grande porque es cuando menos encontramos el por qué seguir.

Sin embargo, cuando se encuentra un propósito para levantarnos cada día, nuestra fortaleza renace. Unas personas, por ejemplo, cuando viven momentos de sufrimiento encuentran sentido al ayudar a otros, al compartir su experiencia, cuidar con amor, redefinir su espiritualidad, encontrar pequeños momentos de alegría, etc. El objetivo es no perder la esperanza y la ilusión por vivir, porque en el momento en que se pierden comienza el deterioro físico y mental.

Todo comienza con una pequeña decisión. La decisión de vivir a pesar del sufrimiento.

¿Qué te enseñó tu libro *Cuando no hay opción?*

Me enseñó que el dolor no es el enemigo, que no importa cuantas veces queramos evitarlo, ignorarlo o adormecerlo, aparece. Y al buscar no experimentarlo, solo se pone una pausa a lo que se está viviendo y, poco a poco, nos vamos acostumbrando a huir de lo que nos hace sentir incómodos.

El dolor, ya sea físico o emocional, nos mantiene conscientes del momento presente, y si logramos entender lo que provoca en nosotros, más preparados vamos a estar para identificarlo y hacer algo al respecto. Cuando estamos en contacto con nuestro dolor, sin buscar salidas rápidas, sin querer escapar cuando sentimos incertidumbre, cuando nuestro corazón duele, cuando no vemos la salida o no encontramos razones para seguir, ahí es que podemos entender que el dolor no es el enemigo, es la puerta para descubrir nuestra propia vulnerabilidad y, al mismo tiempo, la compasión de nuestra vida misma. Al final, este libro me enseñó que cuando todo se derrumba no queda más que la reconstrucción y la conquista de un nuevo ser que puede decidir si el dolor lo convierte en una persona rencorosa o agradecida.

¿Qué le dices a esas personas que piensan que no van a poder?

Les diría que cuiden sus pensamientos. Los pensamientos toman fuerza cuando se repiten o se entretienen, y la constante repetición, en este caso: "no voy a poder", puede convertirse en un hábito.

Cuando lleguen pensamientos de duda, cámbialos, cuestiónalos o modifícalos. De lo contrario, tu imaginación revive o crea en tu mente todo lo que podría salir mal, una y otra vez, haciendo la duda más grande y evitando que tomes acción.

También les diría que se tengan paciencia. Los comienzos, finales o cambios inesperados causan temor. Así que ten paciencia cuando el resultado no llegue como lo esperas, cuando todo cambie en un instante, cuando no sepas qué decisión tomar o cuando tu mundo se derrumbe porque será esa paciencia y la forma como te trates, la que fortalecerá tu capacidad de aguante y perseverancia. Y quizás lo que antes eran dudas puede convertirse en certezas para seguir.

¿Qué te ayuda a cargarte de buena vibra cuando no hay opción?

Tomar pausas. El darme un tiempo para identificar lo que siento, quizás enojo, frustración, tristeza, decepción, etc., y lidiar con esa emoción o sentimiento en su momento, me permite mantener una perspectiva clara y consciente. Cuando un sueño o deseo no se cumple hay un duelo emocional y psicológico y hay que darse el tiempo suficiente para asimilarlo. Eso no significa que dejará de doler, claro que no, sino que la aceptación de lo que no se puede controlar o de que ya no hay opción, será más rápida. El escribir también me ayuda mucho a expresar aquello que de otra forma no me es posible. Pero, sobre todo, el agradecer. El estar consciente de lo que existe a mi alrededor me da la tranquilidad y fortaleza para seguir intentándolo, entendiendo que algunos finales son solo el comienzo de algo más.

¡Urgente! ¿De dónde se sacan fuerzas?

La manera de reaccionar a la tristeza es única en cada persona. Aunque nunca estás suficientemente preparado para una noticia triste, es admirable ver las diferentes reacciones que tienen las personas cuando el destino les pone una trampa y les juega una mala pasada. El denominador común de quienes salen adelante después de vivir un dolor fuerte en la vida es que le atribuyen la fuerza a ese ser que perdieron. Se vuelven a levantar para honrar la memoria de quienes ya no están.

Este es el caso, por ejemplo, de Manuel Oliver y Patricia, los padres de Joaquín Oliver, uno de los estudiantes asesinados en la masacre en la escuela secundaria Marjory Stoneman Douglas en Parkland, Florida. Los dos se han convertido en activistas en contra de la violencia y mantienen viva la memoria de su hijo con su lucha constante contra las armas. "Hemos decidido luchar contra esa injusticia. Es lo más lógico para sentir que, por lo menos, uno, no vuelva a suceder, y dos, tenga sentido de alguna forma, así sea un poquito, lo que le sucedió a Joaquín", explicó el papá al *Nuevo Herald*.

Las historias de superación más admirables son las de las personas que se levantan y siguen adelante contra todo pronóstico. ¿De qué están hechos? ¿Cómo consiguen triunfar en la vida a pesar de lo malo que les pasa?

Lo primero que he notado que tienen en común es que todo lo malo que les ha ocurrido lo ven como una enseñanza. Y eso —ya sea triste o trágico— que les tocó vivir les sirve de lección y de escalera para seguir subiendo, y no se les convierte en una pala para escarbar un hueco donde enterrarse.

Y es aquí donde quiero hacer un paréntesis y hablar de algo muy común que se llama *positividad tóxica*. Y quiero advertirte que este no es un libro lleno de positividad tóxica, de esos que te dicen ¿fiebre amarilla? ¡Pero qué bonito color! No. Yo sí creo en la paz que te regala la posibilidad de ser positivo, y a mí me ha ayudado mucho eliminar la fatalidad en mi vida. Pero cuando estás viviendo un momento triste se vale llorar y sufrir. Igual que cuando te sucede algo bueno se vale celebrarlo.

Lo que quiero que aprendamos juntos con este libro es cómo seguir adelante sin resbalarnos en el charco de nuestras lágrimas y caernos al piso. Que descubramos cómo esa mujer que fue abusada hoy es una triunfadora o cómo un padre que pierde a su hijo se levanta y con el corazón partido sigue luchando por su memoria. Esa es la gente que admiro y que nos debe servir de ejemplo. Los que no toman su dolor como excusa para no seguir. Y yo sé que es duro, pero también sé que se puede.

Y volviendo a la positividad tóxica, es importante entender que, según los psicólogos, cuando hacemos un comentario como: "Eso no es nada" a una persona que considera que su dolor importa, estamos demostrando falta de empatía hacia esa persona que está pasando por un momento difícil.

Y algo que también me gustó aprender durante la investigación para este libro es que cuando no permitimos que nuestra mente acepte el sufrimiento, nos estamos negando a nosotros mismos la posibilidad de desarrollar la resiliencia. ¿Y qué es realmente la resiliencia? Antes me parecía tan difícil pronunciar esta palabra como entenderla. Y tal vez porque ahora la necesito más que antes, me he dedicado a estudiar cómo se consigue.

Esa capacidad de resistir y seguir siempre hacia adelante se llama *resiliencia*. La Real Academia de la Lengua Española aceptó la palabra en 2016 y la define como "la capacidad de adaptación de un ser vivo frente a un agente perturbador o un estado o situación adversos". ¿Qué significa el nombre? Pues viene del verbo *resilio*, que en latín significa algo así como "rebotar".

Los psicólogos la están estudiando desde los años 90 y la definen como el proceso de adaptarse a la adversidad. Y algo muy importante: todos están de acuerdo en que el camino para conseguirla siempre estará lleno de estrés. La capacidad de sortearlo es lo que te hará resiliente.

Según ellos, las personas resilientes tienen estas cualidades:

1. Se quieren a sí mismos y creen en ellos.
2. Ven el lado positivo de lo que les pasa.
3. Están conscientes de que hay malas noticias que no pueden controlar, pero sí pueden controlar la manera en que reaccionan a ellas.
4. Se enfocan en lo bueno y no en lo malo.
5. Tienen capacidad de adaptación.
6. Practican la conciencia plena y están plenamente presentes.
7. Saben que pueden controlar sus emociones, pero no las situaciones.

La buena noticia es que la resiliencia puede ser aprendida y, dicho por los que saben, no es una cualidad extraordinaria. ¿Cómo se consigue?

1. Rodeándote de personas que tengan fe y formando parte de grupos de ayuda.
2. Aceptando que el cambio forma parte de la vida.
3. Dedicando tiempo para conocerte mejor a ti mismo.
4. Evitando cualquier salida negativa: alcohol, droga, etc.
5. Siendo proactivo. Si perdiste el trabajo, crea un nuevo currículo. Reconoce tus fortalezas y ofrécelas.

¿A quién le haces caso: a tu cerebro o a tu corazón?

Si has leído mis libros anteriores y conoces mi historia, sabrás que desde que cumplí 50 (hace 8 años) le declaré la guerra al miedo, y que estoy absolutamente convencida de que lo que le dices a tu mente creará la realidad que vives. Siempre repito aquello de que lo que pasa por tu mente, pasa por tu vida. Y confieso públicamente que lo reitero siempre porque a mí sí me ha dado resultado. En el momento en que me atreví a tomar acción y a aceptar que si me hacía visible iba a poder servir a más personas, en ese momento cambió mi vida.

Combatí el miedo a hablar en público y a montar en avión, y aprendí que para llegar a eso que quieres conseguir tienes que pasar por cosas que no te gusta hacer. ¿Cómo lo logré? Teniendo fe en que voy a aterrizar felizmente y no dejando que mi cerebro me invente cuentos de terror. A hablar en público me atreví cuando decidí que iba a contar mi historia desde mi corazón, y que lo iba a hacer para ayudar a más personas a luchar contra el miedo y a convertirse en lo que sueñan. Todavía me sudan las manos antes de hablar en público y me persigno cuando el avión se está moviendo. La diferencia es que mi cerebro ahora me dice que es una turbulencia y que la vamos a cruzar felizmente. Y para hablar en público siempre le ofrezco a Dios mi esfuerzo para que las personas que me escuchan saquen algo positivo y mejoren su vida.

En un viaje que hice mientras escribía este libro me tocó al lado una señora que me confesó de pronto que le tenía pánico a volar. Quién me iba a decir a mí que aquella miedosa que era capaz de bajarse de un avión antes de que cerraran la puerta iba un día a darle fuerzas a otra miedosa. Y así fue. Comencé a contarle cómo ahora yo había entrenado mi mente y la tenía convencida de que siempre voy a aterrizar. Le expliqué que Dios no puede tener tan mal sentido del humor y hacer que nos muramos en un avión. La hice reír, le regalé *La mujer de mis sueños* y le repetí que siempre, siempre, hay que atreverse porque viajar es un gran regalo que no debemos nunca, por miedo, despreciar.

Me han pasado tantas cosas maravillosas gracias a que me he montado en un avión y me he subido a una tarima a contar historias de éxito, que hoy solo tengo gratitud por ese valor que me regaló Dios. Sé que esas cosas no me hubieran pasado si no me hubiera atrevido. Conozco perfectamente mi propósito, y en este momento disfruto mucho todos los procesos que me conducen a hacerlo realidad.

Todo eso que les estoy contando funciona muy bien en situaciones normales, porque también sé que cuando estás pasando por un momento doloroso tiendes a escuchar más al corazón que al cerebro, y el dolor hace que se te olvide cualquier fórmula.

Y es aquí en esta línea donde vuelvo a tomarte de los hombros para dejarte una sexta lección: recordarte que tu dolor, cualquiera que sea, no puede terminar con tu vida, y que llegó la hora de pensar en ti y comenzar de nuevo.

Rafael Santandreu es un psicólogo español que me ayudó a recordar una de esas fórmulas que yo misma escribí en *La mujer de mis sueños*, y que decía que en esta vida hasta la felicidad había que producirla. En ese momento incluso comparaba mi misión de productora ejecutiva, que es precisamente hacer que las cosas sucedan, con lo que debemos hacer en la vida real. Cuando yo escribí esa comparación no estaba pasando por un momento triste. Por eso, leer la siguiente frase de Santandreu en su libro *Ser feliz en Alaska* me volvió a batir todos los ingredientes en la cabeza.

"Las personas más fuertes y felices no buscan paraísos, los producen".

RAFAEL SANTANDREU

Mi historia con Santandreu comenzó gracias a mi querido amigo el doctor Juan Rivera, quien hace unos años me recomendó el libro *El arte de no amargarse la vida*. Recuerdo que me lo leí de cabo a rabo en un vuelo de Madrid a Miami. De todo lo que he leído sobre cómo aprender a combatir el miedo, los libros de Santandreu han sido mis mejores maestros.

Y es justo leyendo esta frase que te dije anteriormente que uno entiende aquella otra que dice que no es lo que nos pasa, sino lo que hacemos con lo que nos pasa.

Una de las cosas que más temía como mamá era ese momento en que Dominique se fuera de la casa. Lo viví cuando se fue a la universidad, pero conservaba la ilusión de que regresara y así sucedió. Cuando regresó y ya iba a conseguir su propio apartamento comenzó la pandemia y cambió todos los planes.

El año pasado, por fin cumplió su sueño y tengo que confesar que le pedí tanto a Dios que me dejara vivirlo con la misma ilusión de ella, que me lo cumplió. Esta vez no dejé que el corazón me llevara por el camino sentimental y empecé a ver todo como la gran oportunidad que tenía mi hija de empezar a crear su propio destino, igual que un día lo hice yo. No hubo lloriqueos ni tristeza. No me inventé finales sin gracia. Y confieso que ella me hace falta, por supuesto, pero como madre tengo que entender que tiene todo el derecho a construir su propia vida.

Cuando leemos que inevitablemente la vida va cambiando, no pensamos que nos va a pasar a nosotros. A menos de un año de haberse mudado Dominique, a Mia, nuestra perrita, le dio cáncer. Lo vivió estoicamente hasta que un día nos dejó y nos quedamos mi esposo y yo solos en casa con mi mamá y con Kiwi, nuestra gata. Y así tuve que adaptarme a que en esta novela que llaman *vida*, el elenco de mis seres queridos iba cambiando de escenario.

La muerte de Mia me dejó un vacío muy grande en la casa. Ya no hay quien se alborote cuando uno llega y extraño su presencia al lado de mi cama, ya que ese fue el lugar que ella decidió escoger para dormir. Sin embargo, no quise hacer mucho drama y decidí que el dolor debía ser en silencio y que el recuerdo de Mia me iba a servir para inspirarme y no para herirme.

El día que mi esposo trajo las cenizas no quise abrir la bolsa y la dejé en la sala unos días, hasta que una noche me armé de valor, las saqué, las abracé con fuerza y en voz alta le agradecí a Mia tanta nobleza, tanta lealtad y tanta fortaleza. Nunca se quejó a pesar de que los tumores iban abriendo su piel y dejándola en carne viva.

Y justo en el instante en que escribía estas líneas, trabajando en Nueva York, invitamos a la policía con sus perros para que estuvieran en vivo en *Despierta América* desde Times Square. Allí me eché a llorar cuando vi a una igualita a mi Mia. El policía se asustó cuando me vio llorando y le expliqué mi pérdida. Me dejó que abrazara a su perrita. Qué sensación tan extraña verla tan parecida a mi Mia, pero sentirla tan fría.

La pérdida de Mia me recordó a mi abuela Mamatina, que nunca quiso tener perro en su casa porque según ella eso era "buscar tristezas sin necesidad". Después de vivir con Mia durante 9 años puedo repetir eso tan bonito que dice que Dios manda a los perros a la tierra sin alas para que la gente no descubra rápidamente que son ángeles. Mia me dejó el corazón lleno de su amor, su nobleza, su lealtad y su valor. Mia, te vamos a amar siempre. Fuiste un regalo de Dios. Nunca te vamos a olvidar.

Todo eso te lo cuento porque aquella Luzma que leíste en *La mujer de mis sueños* ya no es la misma. Evolucioné. Y le agradezco a Dios que me haya preparado 8 años para vivir este momento. Ahora disfruto más el presente, cuido más mi salud mental, saboreo más la soledad y tengo mucho más clara la importancia de agradecer todas las sorpresas que nos da la vida, aunque algunas de ellas sean dolorosas. Los planes de Dios son tan bien hechos que si todo esto lo hubiera vivido cuando estaba llena de miedos e inseguridades, tal vez no hubiera podido aprender todo lo que he aprendido.

Como diría Santandreu, todos los días trato de producir mi paraíso. Otra de las cosas que aprendí de él fue a no *terribilizar*, a no quejarme. Aprendí que cuando te quejas atraes más problemas, a diferencia de cuando agradeces, que atraes más bendiciones. Quejarse es un verdadero pecado porque al hacerlo no nos permitimos darle una oportunidad a Dios. La explicación psicológica a la queja es que lo hacemos para descargar un poco el peso de lo que nos pasa. Prométeme que de esta línea en lo adelante cada vez que pienses en quejarte vas a reemplazar ese pensamiento por algo que tengas que agradecer.

Hace unos días iba volando de Miami a Houston y subí a Instagram una foto mía en el avión con una frase que aprendí de Santandreu: "Cada vez que evitamos algo por miedo, el miedo aumenta". A los 5 minutos, el mismísimo Santandreu me respondió por mensaje directo con un "¡Eso es!", y yo sentí allá arriba en el aire que me estaba escribiendo el maestro. Fue como mi graduación.

Cuántas veces allá arriba, volando, los libros de Santandreu me habían ayudado a calmarme. Esta vez, quién me lo iba a decir, era el mismo Santandreu quien me estaba escribiendo. Lo más curioso de todo es que Rafael y yo pertenecemos a la misma editorial y que Rita Jaramillo, nuestra directora editorial, había programado para dos días después un almuerzo para que yo lo conociera en Miami. Él, por supuesto, no sabía quién era yo cuando me escribió y ahí mismo, por mensaje directo, le agradecí todo lo que me había ayudado a aliviar mis miedos enfatizando la importancia de enfrentarse a ellos.

Dos días después, por esas maravillosas vueltas de la vida, la miedosa que se convirtió en escritora y el psicólogo que se convirtió en autor de *bestsellers* estaban hablando cara a cara en un restaurante de Miami de cómo sus fórmulas habían funcionado en mi vida.

Esas son las cosas que me gustan de la vida: que te sorprende, siempre y cuando tú estés dispuesto o dispuesta a dejarte sorprender.

GUÁRDALO
en tu alma

*Tu vida es lo más importante y debes cuidarla siempre.
La salud mental es crucial para vivir y merece toda
la atención que podamos darle.*

———————

*Cada vez que evitamos algo por miedo,
el miedo aumenta.*

———————

*Otra de las cosas que aprendí de él (Rafael Santandreu)
fue a no terribilizar, a no quejarme. Aprendí que
cuando te quejas atraes más problemas, a diferencia
de cuando agradeces, que atraes más bendiciones.*

———————

*Y es aquí en esta línea donde vuelvo a tomarte de los
hombros para recordarte que tu dolor, cualquiera que
sea, no puede terminar con tu vida, y que llegó la hora
de pensar en ti y comenzar de nuevo.*

———————

*Y algo que también me gustó aprender durante
la investigación para este libro es que cuando no
permitimos que nuestra mente acepte el sufrimiento,
nos estamos negando a nosotros mismos la
posibilidad de desarrollar la resiliencia.*

———————

CAPÍTULO 5

Lecciones de una amiga que se fue muy rápido

El final del 2022 no fue bonito. En los primeros días de diciembre me llegó la mala noticia de que el cáncer, el maldito cáncer, se había apoderado de los pulmones y del cerebro de una amiga muy querida: Rosaura Rodríguez. La triste sorpresa multiplicó mis oraciones.

Ella, con una gran fortaleza, me contaba lo ilusionada que estaba de recuperarse. Nunca se victimizó ni perdió su sentido del humor. Cuando la iban a operar del cerebro le preguntó al cirujano que si de paso, con los tumores, podía sacarle a sus ex. Así era Rosaura.

Veintinueve días después mi amiga murió inesperadamente de una embolia pulmonar. Y digo inesperadamente porque se sentía bien y todo estaba bajo control. Ese último jueves en que hablamos al mediodía habíamos quedado en vernos el martes. Pero ese martes yo estaba en su velorio, porque ese mismo jueves por la noche Dios quiso ver de cerca a mi amiga y se la llevó. Así es la vida… y así es la muerte.

Y ahí mismo ese martes, frente a su ataúd, recordé eso que uno se sabe de memoria, pero que no practica: que no se debe posponer nada, que siempre hay que estar totalmente presente y que la vida te puede cambiar en un segundo. Con una llamada. Con una frase.

Rosaura y yo nos conocíamos desde niñas. Su hermana Socorrito es una de mis mejores amigas en Cartagena. Allí las tres estudiamos en el mismo colegio: El Carmelo. Y curiosamente aquel 6 de enero de 1981 en que empecé a escribir mi destino, cuando me vine en un avión de Avianca a vivir a Miami, Rosaura estaba sentada al lado mío en ese avión.

Nuestra amistad se fortaleció a medida que nos hacíamos mujeres hechas y derechas. Cuando nació Dominique, Rosy venía a mi casa a diario. Era la primera en llegar a sus fiestas y estuvo conmigo en su graduación de kínder. Fue como la tía materna que Dios no le dio a mi hija y siempre se lo agradeceré. Rosaura sabía estar totalmente presente. Sabía gozar la vida.

¿Cómo se está totalmente presente? Saboreando lo que estás haciendo sin revisar el teléfono para irte a subir y bajar por Instagram, mirando a los ojos, disfrutando de eso que estás hablando, comiendo o escuchando sin pensar que mañana hay que madrugar o que no has pagado la cuenta de la luz.

¿Y cómo se está totalmente presente cuando el dolor te está consumiendo el alma? Agradeciendo, mirando alrededor y viendo qué es lo que puedes rescatar y disfrutar de ese preciso momento. Tatuártelo en el alma.

Por ejemplo, lo que sí fue bonito entre tanto dolor esa noche del funeral de mi amiga, fue ver cómo ella nos había dejado tanto amor a todos. Todos la recordábamos de la misma manera: bromista, rebelde, generosa, amante del vino, de los viajes, de la poesía y de las carcajadas… Recordarla era pensar que así es como hay que vivir. Rosaura supo sacarle el jugo a la vida y ese jugo lo saboreó mientras se lo bebía a borbotones.

Su hermano Humberto nos contó a todos que ella le había dicho que estaba segura de dos cosas: de que había sido feliz y de que no quería llegar a depender de nada ni nadie. Lo logró.

Esa misma noche, cuando regresé a casa luego de su velorio, repasé su último *post* en Instagram y decía: "El tiempo es precioso. Asegúrate de usarlo con la gente correcta". Estoy segura de que ella lo hizo. Y tú y yo podemos hacerlo también.

Hace unos días, la hermanita menor de Rosaura, Nany, publicó una foto de su hija graduándose, y cuando la felicité me respondió que era un día agridulce por la falta de Rosy. Recordé que cuando mi hija cumplió 15 años mi gran tristeza era que mi papá ya no estuviera con nosotros. Le dije a Nany que en aquel momento le pedí a Dios que siempre, en todos los momentos felices que viviéramos, yo pudiera sentir que mi papá estaba con nosotros. Y te juro que lo he logrado. Incluso cuando personas que lo conocían se me acercan a decirme cuánto hubiera gozado mi papá viviendo mi etapa de escritora, siempre respondo: "Yo sé que desde el cielo él la está viviendo y gozando conmigo".

Una vez le pregunté a Margarita Pasos, que es *coach* de vida, cuál había sido su dolor más grande y cómo lo había aliviado, y enseguida me respondió: "La pérdida de mi papá. Y lo que más me ayudó a aliviar esa pérdida fue la fe. Es un proceso, al principio uno llora, hay que sentir, hay que permitirse llorar, sentir el dolor. Hay que pegarse de Dios. Yo tengo una técnica que llamo *guardar adentro, guardar afuera.* En vez de guardar adentro lo que sufrió, lo guardo afuera. Evito acordarme de lo malo y lo visualizo en paz y feliz en el cielo en vez de revivir todo su sufrimiento".

Y así mismo quiero recordar a mi querida Rosaura Rodríguez, que fue muy feliz porque disfrutó mucho de la vida. Estoy segura de que desde arriba, ya con su misión cumplida, sigue gozando. Siempre vivió el presente. Era una maravillosa escritora, rebelde y divertida, e hizo de todo lo que vivió su propia escuela y nos dejó en sus libros repletos de conclusiones inteligentes todo ese aprendizaje. Nunca la vi sufrir ni tampoco recuerdo que se quejara por nada. Su propia muerte, aunque inesperada y dolorosa, fue como un tributo a su propia vida. Allá arriba debe estar sonrojando a San Pedro, y aquí abajo para mí aún no muere porque la llevaré siempre viva en mi corazón. Y siempre me inspirará a vivir con optimismo y gozándome la vida a carcajadas.

El último consejo que me dio lo tengo guardado en mi Whats-App y fue justamente hablándome de mi mamá: "Hazla feliz. Mientras ella sea feliz, lo demás no importa".

Dos ejemplos que nunca olvido

Estrella, una compañera de trabajo, me regaló una vez un dibujo en el que se ve a Jesús de rodillas frente a una niña diciéndole: "Confía en mí". Jesús tiene un oso de peluche grande escondido en su espalda mientras le pide a la niña que le dé el de ella, que es más chiquito. Ella, sin saber lo que le espera, le dice: "Dios, es que yo lo amo", porque no quiere entregar su osito.

Recuerdo que Estrella me regaló ese dibujo cuando le conté que mi hija estaba sufriendo por una pena de amor. Y se lo mandé a Dominique para que entendiera que Dios nos quita cosas que no merecemos, para darnos otras mejores que sí merecemos.

Eso lo entenderás después, pero te lo cuento porque a mí me encanta rodearme de cosas que me pongan a pensar y que siempre me recuerden que lo que no entiendo ahora, tendrá una explicación más tarde. Porque la lección siempre llega.

Curiosamente, hoy me topé en redes sociales con una historieta animada de unos hombres que iban caminando mientras llevaban a cuestas su cruz. En algún momento, uno de ellos le dijo a Dios que le iba a cortar un pedazo a la cruz porque estaba muy pesada, y así lo hizo. Al rato, repitió la petición y volvió a cortar la cruz, dejándola muy pequeña. La carga se hizo efectivamente menos pesada cuando, de pronto, llegaron todos a un punto donde la montaña por la que caminaban tenía un enorme vacío que solo pudieron cruzar los que no cortaron su cruz. Estos la tendieron y la usaron como puente para cruzar al otro lado de la montaña. Los que la cortaron, no pudieron cruzar.

Una vez más, si en este momento sientes que tu cruz es demasiado pesada, solo piensa que no será así para siempre y que, además, eso que estás viviendo tiene un propósito en tu vida. En el futuro, estoy segura, lo vas a entender.

GUÁRDALO
en tu alma

*Y ahí mismo ese martes, frente a su ataúd, recordé
eso que uno se sabe de memoria, pero que no
practica: que no se debe posponer nada, que siempre
hay que estar totalmente presente y que la vida te
puede cambiar en un segundo.*

---

*El tiempo es precioso. Asegúrate de usarlo
con la gente correcta.*

---

*Y se lo mandé a Dominique para que entendiera
que Dios nos quita cosas que no merecemos, para
darnos otras mejores que sí merecemos.*

---

*Una vez más, si en este momento sientes que tu cruz
es demasiado pesada, solo piensa que no será así para
siempre y que, además, eso que estás viviendo tiene
un propósito en tu vida. En el futuro, estoy segura,
lo vas a entender.*

CAPÍTULO 6

Cuando comienzas a quererte, la vida te empieza a querer a ti

Es importante entender que todos tenemos derecho a no sentirnos bien. Como bien dicen en inglés: *It's ok not to be ok* (Está bien no estar bien). Exigirnos estar bien todo el tiempo es una carga pesada que al final pasa factura.

En eso fue muy clara Michelle Obama cuando nos dijo: "Yo he pasado por esos altibajos emocionales que todo el mundo siente, por esos momentos en que sientes que no eres tú, y algunas veces me he tenido que rendir a eso y he tenido que tratar de no ser tan dura conmigo misma".

Michelle dio en el clavo con esa última frase. Lo primero que hay que tener en cuenta cuando entendemos que nuestra mente y nuestro corazón no están viviendo su mejor momento, es que no podemos culparnos y mucho menos castigarnos. Y es ahí cuando tengo que recordarte que tenemos que querernos mucho y no ponernos de último. No deberías nunca causar tu propio sufrimiento.

A lo largo de mi vida he descubierto dos cosas de las que estoy segura, y por eso las repito constantemente: que el miedo es el enemigo número uno de la felicidad y que el hecho de no querernos lo suficiente se lo debemos al miedo. Y es muy importante que entendamos bien otras dos cosas: la primera es que la mayoría de los problemas que tenemos es porque no nos queremos lo suficiente; y la segunda, que si aprendemos a querernos vamos a mejorar mucho nuestra vida porque incluso querernos más nos ayudará a salir airosos de esos momentos en que todo parece venírsenos encima. Cuando tú te quieres, le sumas paz a tu vida. No amarse a uno mismo es tener el sufrimiento asegurado.

¿Cómo aprende uno a quererse? Lo primero que hay que tener muy claro es que el amor propio es la capacidad que tenemos los seres humanos de estar conscientes de nuestras debilidades y fortalezas. Al saber qué es lo que hacemos mejor, podemos darle rienda suelta a esos sueños que queremos conseguir. Entender para qué no servimos nos da la posibilidad de prepararnos mejor y de trabajar más esos espacios vacíos.

Hay que mejorar nuestras debilidades de la misma manera que hay que eliminar de nuestra vida a todas aquellas personas que nos dicen que no servimos. Y si tal vez estás pensando mientras lees esto que debes eliminar de tu vida a tu mamá o a tu pareja, porque son ellos los que te dicen que no sirves, pues eso se hace no permitiéndoles que te lo vuelvan a decir y, sobre todo, no creyendo nunca más en eso que te dicen.

Tú vales y vales mucho. Recuérdalo siempre.

Aquí tienes el plan para quererte más

En la vida tenemos que exigirnos, pero no flagelarnos. Ser exigente es una señal de responsabilidad, de que queremos hacer las cosas mejor, pero no se puede llegar al extremo de querer controlarlo todo porque ese control —lo aprendí yo, que soy controladora— es parte de no quererte. Aquí te voy a dar el plan que me ha funcionado a mí para quererme más y que me recuerda siempre que soy mi prioridad.

1. **Cumple las promesas que te haces a ti mismo/a.** No te dejes para después. Si ya llevas cuatro años repitiendo que quieres aprender francés, no esperes más e inscríbete hoy mismo.

2. **Agradece todo lo que te pasa para que estés consciente de todo lo bueno que tienes en la vida.** Nada es totalmente malo. El solo hecho de que puedas leer esto ya es motivo para dar gracias.

3. **Alimenta tu fe y cree en algo,** porque los que no creen en nada pueden vivir momentos muy difíciles cuando pasan por momentos malos. Todos vamos a vivir momentos no tan buenos en la vida, pero si crees en algo y tienes fe, esos momentos se van a convertir en algo mejor.

4. **Recuerda todos los días que tienes que ponerte en primer lugar.** Si tú no estás bien, nada puede estar bien.

5. **Haz una lista de las cosas que te hacen más daño y haz lo que tengas que hacer para eliminarlas.** Identifica cuáles son esas cosas que hacen que no te sientas querida. Identifica qué es lo que te duele.

6. **Elabora un plan exacto para eso que quieres mejorar.** ¿Cuál de esas creencias que te metieron en la cabeza siendo un niño o una niña no te deja crecer?

7. **Cuida mejor tu mente.** Lee historias de éxito. Aprende cómo las personas que logran lo que quieren no se quedan trabadas por piedritas que alguien les mete en el zapato. Aprende a nadar en ese vaso de agua que tú mismo definiste como una tormenta o, simplemente, vacíalo.

8. **Una señal de que no te estás queriendo es que no crees merecer lo que tienes.** Aprende a aceptar que si trabajas por algo, te mereces la recompensa. Hay que ser felices con eso que la vida nos regala sin sentir culpa. Debes sentir orgullo de lo que sabes hacer mejor y, sin ninguna pena, conocer tus fortalezas para usarlas. Cuando te quieres, brillas sin miedo.

9. **Cuando te quieres más te vas a creer más.** Y eso cambiará tu vida. Si crees más en ti no serás parte de esa estadística que asegura que el 90 % de las personas no cumplen, por ejemplo, sus resoluciones de Año Nuevo. Tienes que quererte más para no creerle a esa voz que te dice que no vas a ser capaz. Mírate en este momento: ¿tienes el cuerpo que

quieres?, ¿tienes el trabajo que quieres? Esos pensamientos tristes que te hacen sufrir, ¿por qué los creaste? Tu cerebro cree lo que tú le digas. Acostúmbralo a oír hablar bien de ti. Que no se te olvide nunca: cuando comienzas a quererte, la vida comienza a quererte a ti.

Y en este momento se me ocurre decirte que quizás esa tristeza con la que vives, producto de cualquier experiencia triste que tuviste en el pasado y que no te deja ser feliz, nunca va a desaparecer de tu vida si tú te encargas de traerla siempre a tu mente. Tú eres quien único puede escribir en las páginas vacías de tu vida, y eso que escribas lo decides solo tú.

Regálate la posibilidad de perdonar, ver el pasado como un gran maestro y mirar al futuro como un paraíso hermoso que tú y solo tú puedes construir.

¿Cuándo se debe confesar el sufrimiento?

El problema que hay en estos tiempos, y que no me tocó vivir a mí en mi juventud, es que usamos las redes sociales para confesar detalladamente nuestros estados de ánimo, y por eso se han convertido en un arma de doble filo.

Por un lado, hay quienes las usan para dar la impresión de que sus vidas son perfectas publicando solo los momentos felices. Esto, obviamente, crea una percepción falsa de las vidas ajenas y nos hace pensar que los únicos con problemas somos nosotros. Por otro lado, hay quienes las usan para hacer sorprendentes confesiones, como Alejandro Sanz, quien en mayo del 2023 publicó este *tweet*: "No estoy bien. No sé si esto sirve de algo, pero quiero decirlo. Estoy triste y cansado. Por si alguien más cree que hay que ser siempre una brisa de mar o un fuego artificial en una noche de verano. Estoy trabajando para que se me pase… Llegaré a los escenarios y algo dentro me dirá qué hacer. Pero a veces no quiero ni estar. Literalmente. Solo por ser sincero. Por no entrar al ruido inútil. Sé que hay gente que se siente así. Si te sirve, yo me siento igual".

Pocos días después se supo que el cantante estaba pasando por problemas financieros y del corazón. Por un lado, esto nos enseña que no hay nadie en este mundo que esté exento de tener problemas. No dudo, por su última frase, que Alejandro quería enviar un mensaje de solidaridad a todos los que como él estaban pasando por un momento complicado, y dejar bien claro que su condición de famoso y rico no lo deja fuera de los momentos difíciles.

La escritora Shonda Rhimes cuenta que en los días en que no se siente bien hace tres cosas: "Ya no trato de forzarme a ser feliz porque uno no puede ser feliz todo el tiempo. Cuando no me siento bien trato de arreglarme lo mejor posible porque cuando uno se ve bien, se siente bien. Otra cosa que hago es leer un buen libro. Y también me funciona meterme en la cama". Shonda también recomienda no revolcarse en el dolor y en eso estoy totalmente de acuerdo. Revolcarse en el dolor solo traerá más dolor.

Yo sí creo ciegamente en que cuando te confiesas sinceramente puedes encontrar ayuda. Eso le pasó a J. Balvin, quien, en su propio documental, *El niño de Medellín*, dejó al descubierto sus problemas de salud mental. "Hablar en público sobre la ansiedad y la depresión me ha ayudado a superarlas. La meditación me ha salvado la vida; gracias a ella no tomo drogas ni bebo alcohol", confesó el cantante.

Otra famosa que cuenta lo que le funciona es Karol G: "Siempre trato de mantener una actitud positiva para todo y me hablo a mí misma todo el tiempo. Y en todos esos momentos me permitía sentirme triste, me permitía, no sé, llorar. Y muchas cosas en mi mente, pero me decía como un mantra en mi mente: 'quizás mañana será bonito'", asegura Karol G explicando el esperanzador título de su éxito musical. La verdad es que como madre uno agradece estos mensajes que llegan a nuestros hijos de la boca de sus ídolos. Es importante que entiendan que el camino hacia el triunfo presenta momentos difíciles, y que justamente poder sobrepasar esos momentos amargos es lo que nos lleva a poder saborear la dulzura del éxito.

Y si algo quiero que quede aquí muy claro es que lo más bonito de cantar victoria es precisamente entender que no nos quedamos trabados en esas zancadillas que nos pusieron. Que aprendimos mucho de esos momentos en que nos desacomodamos y que pudimos cruzar la turbulencia.

Y es justo en esos momentos negativos que vivimos (porque algo no salió como esperábamos o porque el jefe exigió más de lo que dimos o porque no nos alcanzó el dinero) que debemos aprender a respirar con calma y, en vez de enloquecernos, buscar la manera de ver el problema desde afuera y buscar una solución para que no vuelva a suceder.

✔ ....

Mi séptima lección que no quiero que olvides nunca: no te mientas a ti mismo. Tú debes conocer a la perfección tus debilidades y fortalezas y eso te debe permitir buscar soluciones concretas a los problemas recurrentes que tienes. Si, por ejemplo, eres un comprador compulsivo y siempre llegas en rojo a fin de mes, el problema no es que no ganes suficiente, el problema es que tú gastas demasiado.

....

El ejemplo de cómo convertir el dolor en éxito

Shakira fue una que nos dejó a todos con la boca abierta cuando decidió escribirle al dolor del desamor sin poesía. Cuando salió la canción que claramente dedica a su exmarido Gerard Piqué, aplaudí su sinceridad. La letra era un duro golpe a la infidelidad del papá de sus hijos.

Shakira hizo lo que muchas hubiéramos querido hacer si hubiéramos sabido cantar cuando nos pusieron los cuernos. La mejor prueba de que su idea no fue una locura es que se convirtió en un éxito mundial. El video de "Music Sessions #53", un título frío que no se parece a lo que dice la canción, producido por el argentino Bizarrap, tuvo 63,736,321 vistas en las primeras 24 horas, arrebatándole a "Despacito" el récord mundial.

Sí, Shakira puso al mundo entero a comentar la letra de una canción que logró cambiar la historia. Esa semana nos olvidamos de la biografía del príncipe Harry, de los documentos clasificados de Biden, de Miss Universo… Lo que Shakira le cantó a Piqué parecía ser esa semana lo único importante. Sí, esa semana Shaki llegó a ser titular incluso de los noticieros más serios. Nadie, que yo recuerde, se había atrevido a tanto como lo ha hecho Shakira musicalmente.

Yo, que soy de la época de José Luis Perales y Rocío Jurado, gozaba maliciosamente cuando la española contaba cantando que "hace tiempo que no siento nada al hacerlo contigo". Ni qué hablar del dolor que me daba al entonar a todo pulmón aquel: "¿Y cómo es él? ¿En qué lugar se enamoró de ti? Pregúntale, por qué ha robado un trozo de mi vida…".

Cuenta la leyenda que esa canción se la escribió José Luis Perales a Julio Iglesias, cuando Isabel Preysler, la esposa de Julio, se enamoró del marqués de Griñón. Lo cierto es que Julio prefirió cantarle a Isabel: "Hey, no vayas presumiendo por ahí, diciendo que no puedo estar sin ti" y convertir la traición en poesía.

Los años pasaron, la música fue cambiando, los cuernos nunca desaparecieron y la poesía tomó otro camino. Paquita la del Barrio trató de curar las penas de amor con palabras más duras. Su "rata inmunda, animal rastrero" la colocó en la lista de favoritas de las mujeres y se ganó con esas frases el desprecio de los hombres.

Pero el día en que Piqué le puso los cuernos a nuestra querida Shakira con Clara Chía no sospechó que, gracias a su traición, su mujer metería el gol más grande de la historia de la música en español y que superaría a "Despacito".

Hablemos claro: dicen que la infidelidad duele más que la viudez. "Al menos cuando sabes que él murió, también sabes dónde está", decía una amiga cornuda de mi abuela. Shakira no fue la excepción. La colombiana más famosa del mundo demostró que ni tener dinero ni fama, ni ser inteligente, y ni siquiera tener ese movimiento de caderas sirven para frenar una traición de amor. A todas nos duele igual. Lo que no todas podemos hacer es cantarlo, como ella lo ha hecho:

Tiene nombre de persona buena
Clara-mente no es como suena
Sorry, baby, hace rato
Que yo debí botar ese gato
Una loba como yo no está pa' novato
Yo solo hago música, perdón que te sal-pique
Me dejaste de vecina a la suegra
Con la prensa en la puerta y la deuda en Hacienda

Más claro no canta un gallo dirían en mi tierra, que es la misma tierra de Shakira. Los criticones, esos que juegan a ser Dios, no tardaron en juzgarla con las mismas excusas que nos enseñaron a las mujeres desde que éramos niñas: que calladitas dizque nos vemos más bonitas, que los trapitos sucios se lavan en casa, que pobrecitos esos niños con una mamá cantándole groserías al papá… Pobrecitos esos niños… Sí, ¡pobrecitos!, pero por tener a un papá traicionero. Que su mamá haya cantado una verdad con música no creo que les perjudique más que salir a pasear con la mujer por la que su papá deshizo su familia y, de paso, el corazón de su mamá.

No sé ni qué es lo que te pasó
Estás tan raro que ni te distingo
Yo valgo por dos de 22
Cambiaste un Ferrari por un Twingo
Cambiaste un Rolex por un Casio

La letra no solo removió viejas traiciones. Dicen que Casio se aprovechó del *boom* de la canción y le mandó relojes de regalo a Piqué. Dicen también que Casio lo desmintió… Renault aprovechó la mención de Twingo y puso en Twitter: "Pa tipos y tipas como tú. ¡Sube el volumen!" y colocó una foto del Twingo con el número 22, que es la edad de Clara Chía. ¿La cereza en el pastel? Ver a Piqué manejando un Twingo.

A las 10 horas de haber salido la canción ya se vendían camisetas con esa frase que ya es un lema: "Las mujeres no lloran, las mujeres facturan". Eso solo lo logra Shakira: convertir el dolor en éxito. Y sobre todo en un momento de su vida en el que a la par de sus problemas de amor, también estaba viviendo la enorme preocupación y tristeza que le trajeron los problemas de salud de su padre, quien, después de una caída, se vio muy delicado. Sin duda, Shakira se refugió en el amor de sus hijos y en su trabajo. Sus declaraciones a la revista *People en Español* desgarran el alma: "Mi papá fue a Barcelona a consolarme cuando estaba consumida de tristeza por mi separación y, estando allí, en la primera comunión de Milan, resultó gravemente herido. Todo se juntó. Me enteraba por la prensa que había sido traicionada mientras mi papá estaba en la UCI. Pensé que no sobreviviría a tanto".

Cuando Enrique Acevedo consiguió la gran exclusiva con Shakira, ella no fue tan explícita como en su canción, pero sí fue sincera: "Yo también tuve ese sueño de tener una familia en la que los hijos contaran con un padre y una madre bajo el mismo techo. No todos los sueños en la vida se cumplen, pero la vida encuentra una forma de compensarte de alguna manera, y creo que conmigo lo ha hecho con creces, con estos dos niños estupendos que me llenan de amor cada día".

¿Dónde se encuentra el optimismo en medio de la fatalidad?

Aquí mismo quería llegar porque sé que esta pregunta te la has hecho mil veces. Confieso que siempre me han caído bien los optimistas. Esos que te dan una palmadita en la espalda y, aunque el mundo se esté cayendo, te dicen: "Todo va a estar bien". Y también confieso que siempre les creo. Los veo como mensajeros de Dios. Siento que esa calma con la que viven les da el maravilloso poder de regalar paz por donde vayan.

La gente optimista se aleja del drama y se acerca al bienestar. Ellos siempre van por la vida con la seguridad de que al final las cosas saldrán bien. Es como si hubieran venido al mundo con la misión de tranquilizarnos, como si Dios les hubiera dado el privilegio de pertenecer a un equipo que siempre le gana los partidos a la vida. Los optimistas ven un sol brillante donde otros ven una nube negra. Donde hay lágrimas, ellos ven la posibilidad de una sonrisa. Dan la impresión de que lo controlan todo cuando queda claro en su mensaje que no hay nada que controlar, porque el plan ya está listo. Si cierro los ojos los veo a todos como seres llenos de luz que, sin hacer mucha bulla (opuestos totalmente a los dramáticos), van apaciguando las tormentas.

Y hay que aclarar en este punto que los optimistas no tienen nada que ver con los positivos tóxicos de quienes te hablé páginas atrás. Yo le veo a los optimistas una madurez absoluta para predecir el futuro. Son especialistas en recuperar pedazos rotos y convertirlos en obras de arte porque tienen fe, porque siempre tienen esperanza. Pero ¿nacen o se hacen?

Queriendo encontrar una respuesta, me dediqué a investigar y encontré, por ejemplo, que los seres humanos tenemos una sustancia en el cerebro llamada *anandamida*, que nuestro cuerpo produce naturalmente y que desempeña una función muy importante, entre otras cosas, en el alivio del dolor. Curiosamente, esa palabra deriva de *ananda*, que en sánscrito significa "deleite, dicha, alegría". Esta misma sustancia se encuentra en el chocolate, la trufa, la manzana, la cebolla, el tomate, la uva y el brócoli. La anandamida regula la sensación de dolor físico y emocional, y según los expertos también regula la motivación y el poder de tomar decisiones.

El optimista es responsable y realista porque sabe que tiene todas las de ganar si se prepara. Por eso, los expertos coinciden en que cuando estés pasando por un momento difícil puedes traerle optimismo a tu vida siguiendo estos pasos:

1. Escribe todas las noches las 5 mejores cosas que te pasaron durante el día.

2. No trates de controlar todas las situaciones.

3. Deja de culparte. Si algo no sale como tú quieres, míralo como una gran lección de aprendizaje para hacerlo mejor la próxima vez.

4. Cada vez que tengas un pensamiento fatalista reemplázalo por un pensamiento positivo.

5. Recuerda siempre que todo es temporal.

De acuerdo con la doctora Marian Rojas, uno siempre debe tener un propósito en la vida, ya que esto ayuda a que uno se fortalezca. Y ella explica claramente que todas esas preguntas que empiezan con "Y si...", y que hacen que nos preocupemos (¿Y si se muere?, ¿y si no aparece?, ¿y si me botan?, ¿y si me deja?), pertenecen a esa parte de la vida que nos inventamos que se llama preocupación y que el 90 % de las veces no se vuelve realidad.

Marian asegura que cuando uno se levanta por la mañana con agradecimiento y con pensamientos positivos, uno mismo se encarga de enviar esa orden al cerebro. Su explicación de este proceso es una de las mejores que he escuchado para entender la importancia de ser optimista: "Hoy en día sabemos que cuando uno se levanta por la mañana y dice 'creo que va a ser un buen día', la corteza prefrontal, que está encargada de la concentración, planificación y de la resolución de problemas, aumenta el flujo de sangre y las conexiones. Solo con pensar 'lo voy a conseguir', mi cerebro se activa para que yo sepa cómo y sea capaz de hacerlo. La diferencia entre nuestra mejor y nuestra peor versión es la actitud que tengo ante la vida".

Según los estudios las personas optimistas viven entre un 11 y un 15 % más que las pesimistas, y la buena noticia es que según asegura Eric Kim, codirector de una investigación de la revista *American Journal of Epidemiology,* un 75 % del optimismo puede ser aprendido.

Aquel consejo que Isabel Allende dejó escrito en mi corazón

Justo en medio del proceso de escribir este libro recibí una invitación para cenar con Isabel Allende en Nueva York. Su agente literaria y gran amiga mía, Johanna Castillo, me escribió hace unos meses para agendar ese encuentro a las 6 de la tarde en un restaurante de Manhattan. Inmediatamente le dije que sí.

Los que me conocen saben que admiro profundamente a Isabel. No solo por esa magia que tiene para contar historias (por algo es la escritora viva más leída mundialmente en español), sino porque es una mujer absolutamente real.

Isabel es Sabia, con mayúscula. Su valor ante la adversidad siempre me ha inspirado. Se vio obligada a abandonar su país, perdió a su hija, pasó por rupturas amorosas…, pero Isabel no se queja. Escucharla contar cómo ha vivido su vida caminando entre el dolor y el éxito, siempre te deja una lección de vida. Por eso no dudé un segundo en agarrar un avión para ir a cenar con ella y lo más importante: escucharla.

A la reunión también estaba invitada otra gran amiga, Victoria Alonso, quien hasta hacía unos meses había sido la presidenta de Marvel. Ella me inspira siempre porque su fórmula de despertar cada mañana pensando que es una nueva y gran oportunidad de vivir me parece formidable.

Esa cena de mujeres en Nueva York nunca la voy a olvidar. Lo más bonito de todo es que fue real. Nos reímos, pensamos, contamos historias... Lo repito, por su valor y sin saberlo Isabel es una de las mujeres que más me ha inspirado en la vida. Esa frase de ella que dice que "todos tenemos dentro una insospechada reserva de fortaleza que emerge cuando la vida nos pone a prueba" es una de las verdades claramente más reales que he leído.

Isabel es una mujer tremendamente humana. Durante la cena se interesó por el estado de salud de mi mamá e incluso me pidió que le mostrara fotos de ella. De cómo era antes y de cómo estaba ahora. La noté totalmente presente y, una vez más, confirmé lo importante que es estarlo. A sus 80 años Isabel es coqueta, divertida, sincera, real, sin poses... Le creí cuando me dijo que lo que más ama es contar historias y que nunca se detiene a pensar que es la escritora viva más leída mundialmente en español.

Isabel me repitió ese consejo que siempre viene bien escuchar: que el dolor nunca se va y que lo que pasa es que uno aprende a vivir con él. Y que siempre, siempre, hay que seguir viviendo. Cuando piensas que ella logró seguir viviendo a pesar del enorme dolor de haber perdido a su hija Paula, entiendes por qué ella tiene toda la autoridad para hablar del dolor.

De los 27 libros que ha escrito Isabel Allende, *Paula* es, sin duda, el que más le cala en el alma porque es el que más ha servido a sus lectores. Isabel cuenta que no hay semana que no reciba un mensaje de alguien que se lo agradece. "El dolor de perder a un hijo nunca se va, pero se puede convertir esa pena en una amiga, una compañera discreta que nos abre el corazón y nos impulsa a superarnos", le dijo una vez Isabel al periódico *El Mundo*.

Al día siguiente nos volvimos a ver, y cuando nos despedimos Isabel me agarró la mano y me dijo: "Hay que soltar porque en la vida no lo puedes controlar todo. Yo todas las mañanas cuando me despierto dedico media hora a agradecer: por mi cama, por mi marido que está tirado ahí al lado mío, por los animales que están en el jardín… La vida, Luzma, hay que vivirla día a día y hay que disfrutar el presente porque no sabes en qué momento se acaba". La abracé, y cuando le di las gracias por su sabiduría, con ese gran sentido del humor que tiene me respondió: "Bastante me ha costado esa sabiduría: 80 años".

Cómo se puede ser feliz cuando uno está triste

Según Séneca el hombre es tan infeliz como él mismo se convenza de serlo. Y esto nos lleva a recordar eso que siempre repetimos fácilmente y también fácilmente olvidamos: que a la primera persona que tenemos que convencer, en cualquier caso, es a nosotros mismos. Todo empieza en tu cerebro.

Ese pensamiento de Séneca también aplica, por supuesto, a la felicidad. Y justamente debes estar pensando cómo se puede ser feliz en medio de una tragedia. O cómo le puedes pedir a alguien que sea feliz cuando lo acaban de botar de su trabajo.

Mi ilusión con la investigación que he hecho para escribir este libro es que aprendamos a encontrar la felicidad en medio de los momentos difíciles. Cuando recibimos una mala noticia tendemos a enfocarnos en ella y olvidamos que la vida sigue y puede seguir regalándonos momentos bonitos a pesar de los malos que estemos protagonizando.

En el libro *El cómo de la felicidad*, escrito por Sonja Lyubomirsky, se explican muy bien las razones por las que a uno le conviene ser feliz, y de verdad son muy atractivas:

1. Las personas felices son más productivas y mejores líderes.
2. Son mejores negociadores y ganan más dinero.
3. Gozan de muy buena salud porque tienen un sistema inmune más fuerte y viven vidas más largas.

Algo importante que tenemos que entender es que el 40 % de nuestra felicidad depende de lo que nosotros hacemos por conseguirla. Una de las reglas de la felicidad más citada es la regla 50-40-10. Este conocimiento sobre la felicidad establece que el 50 % de nuestra felicidad está determinada por la genética, el 10 % por nuestras circunstancias y el restante 40 % por nuestro estado mental. Esta regla tiene su origen en el libro de Lyubomirsky. Ese 40 % último depende de nuestra intención. Y me detengo aquí mismo a preguntarte: ¿Tú sabes cuál es tu intención?

Según Lyubomirsky, es vital entender que la felicidad se encuentra dentro de uno mismo y no en otro lado. Y lo curioso de todas estas investigaciones sobre la felicidad es que concuerdan en que la belleza y la riqueza no te ayudan a alcanzarla. Sin embargo, se nos ha convertido casi en una regla creer que cuando uno es flaco/a, bello/a y gana mucho dinero, entonces uno es muy feliz. Y aquí hago un paréntesis para dejar muy claro que no hay nada de malo en ser bello/a, flaco/a y rico/a, pero es importante que entiendas que puedes serlo y aun así no ser feliz.

Lo que sí me quedó muy claro después de estudiar las investigaciones de *El cómo de la felicidad* es que la podemos conseguir a través de nuestras acciones, que lógicamente se derivan de nuestros pensamientos, y que por eso es tan importante cuidar nuestra salud mental y alimentar bien nuestro cerebro.

Y aquí va mi octava lección: sin acción no hay felicidad. Por muy mal que la estés pasando, nada nuevo va a pasar ni nada va a mejorar si no tomas acción y haces algo. Es muy importante que siempre tengas claras tus metas. ¿A dónde quieres llegar? ¿Qué quieres conseguir? Yo siempre repito en mis charlas que el éxito es el resultado de una serie de decisiones, y por eso debes recordar que la peor decisión siempre será no tomar ninguna.

A mí me ha funcionado mucho desacomodarme. Atreverme a decir que sí. Gracias a eso he podido hacer muchas cosas que tal vez, en otro momento de mi vida, no me hubiera atrevido a hacer, y que me han hecho aprender y, sobre todo, disfrutar más de lo que hago. Y eso es parte muy importante de lo que debe ser la felicidad.

Cuando pensar demasiado se convierte en un problema

Mi abuelo era un hombre de grandes silencios. Un tipo muy inteligente al que se le ocurrían grandes ideas para muy buenos negocios. Su seriedad contrastaba con su gran sentido del humor. Sin embargo, a veces se le notaba que esos silencios desembocaban en tristezas. En aquel momento, yo era una niña y no entendía que mi abuelo es lo que hoy suelen llamar un *overthinker*, o sea, una persona en cuya cabeza dan vueltas y vueltas pensamientos que pueden ser negativos.

La verdad es que no sabría decir si mi abuelo fue o no feliz, pero hoy sí sé que encerrarnos en nuestros propios pensamientos mientras estamos pasando por un momento difícil o incluso en situaciones normales, disminuye la posibilidad de vivir feliz. ¿Cómo hacer para salirse de ese propio tornado que formamos con nuestros pensamientos?

Lo primero que debes hacer es comprometerte a cambiar ese hábito que no te va a ayudar nunca en nada, porque no aporta nada positivo a tu vida, solo preocupación. Rumiar las penas no trae nada bueno a tu vida. Tienes que comprometerte a que cada vez que te encuentres envuelto en esos pensamientos, busques una distracción inmediatamente. No permitas que la mente te deje ahí conectado.

A muchas personas les funciona imaginarse en ese instante, por ejemplo, una cadena que se rompe y te libera de esos pensamientos. Si estás pensando que no vas a conseguir trabajo, inmediatamente reemplaza ese pensamiento por algo que te ayude a calmar tu mente y te traiga paz.

Según los expertos, esos pensamientos pueden perder importancia si les ponemos una referencia y nos preguntamos: ¿Esto va a ser importante en un año? La respuesta sincera te brindará la calma que necesitas. A mí me funciona siempre pensar que Dios me va a sorprender con una solución inesperada. Les confieso que siempre pasa.

GUÁRDALO
en tu alma

¿A dónde quieres llegar? ¿Qué quieres conseguir?
Yo siempre repito en mis charlas que el éxito es
el resultado de una serie de decisiones, y por eso
debes recordar que la peor decisión siempre será
no tomar ninguna.

———————

Sin acción no hay felicidad. Por muy mal que la estés
pasando nada nuevo va a pasar ni nada va a mejorar
si no tomas acción y haces algo.

———————

¿Cómo hacer para salirse de ese propio tornado que
formamos con nuestros pensamientos? Lo primero
que debes hacer es comprometerte a cambiar ese
hábito que no te va a ayudar nunca en nada, porque
no aporta nada positivo a tu vida, solo preocupación.
Rumiar las penas no trae nada bueno a tu vida.

———————

¿Esto va a ser importante en un año? La respuesta
sincera te brindará la calma que necesitas.

———————

CAPÍTULO 7

Cómo soltar las cargas pesadas para volar hacia el éxito

Cada vez que me enfrento a la computadora para escribir un nuevo libro vivo un proceso creativo maravilloso. Este que estás leyendo nació de la necesidad de actualizar a esa Luzma que escribió *La mujer de mis sueños*.

Cuando empecé a experimentar el dolor en mi vida feliz y exitosa (exitosa, sobre todo, porque ha sido feliz) entendí que tenía la responsabilidad de ponerme en los zapatos de todas esas personas que se levantan cada mañana con una pesada carga sobre sus hombros y con ella siguen tratando de cumplir los sueños. Yo lo entendí ahora que lo estoy viviendo, y siento incluso que antes fui demasiado fría al no pensar en ellas. Pero es muy difícil escribir de lo que no se ha vivido. La imaginación nunca se asemejará a la realidad. Y con esto te digo que no me cabe duda de que la vida real supera a la ficción.

Escribir siempre ha sido para mí la mejor terapia. Es cuando soy más real. Durante el proceso creativo disfruto mucho esos encuentros que tengo con la pantalla en blanco. El corazón me va dictando lo que después hasta yo misma me asombro de releer. Y digo que me asombro porque al repasar la mirada por las letras entiendo mejor lo que vivo a diario y los motivos que tengo para crear esa vida que siempre soñé tener.

Lo primero que invento siempre es el título. Una vez que estoy satisfecha con él, empiezo a crear las maneras de que se cumpla esa promesa que le da nombre al libro. Y una vez que empiezo a escribir, comienza esa serie de citas conmigo misma que siempre tienen la misma emoción.

El libro se me convierte en un compañero que va conmigo a todos lados. Escribir ha logrado que yo entienda mejor lo que he vivido, y que incluso comprenda mejor muchas cosas que han sucedido en mi vida. Lo más curioso que me sucede siempre durante el proceso creativo es que Dios me va enviando mensajes que sé que van a ayudar a la creación del libro. Me suceden cosas que tienen que ver con el aprendizaje que necesito para crearlo. En mi búsqueda de ocasiones para servir, estoy segura de que Dios me va poniendo trampitas en el camino durante el proceso creativo para ver cómo reacciono.

Hace unos días mi esposo y yo celebramos el cumpleaños de nuestra hija en un crucero de Miami a Bahamas. Cuando bajamos las maletas del carro, un jovencito se nos aproximó para explicarnos todo el proceso. Inmediatamente, su jefe se le atravesó y nos dijo: "Yo soy el jefe y les puedo explicar mejor". En ese instante me dio tanta rabia la injusticia que le dije: "Debe estar muy orgulloso de que este chico haga tan bien su trabajo. Nos está explicando todo a la perfección. Por cierto, muchacho, felicidades. ¡Qué bien sabes hacer tu trabajo!". Todos, el jefe, el chico y mi esposo, se sorprendieron con la fuerza de mis palabras. Inmediatamente, el jefe se retiró, el muchacho me agradeció y yo le expliqué a mi esposo por qué lo había hecho.

En este momento de mi vida es cuando más consciente estoy del dolor ajeno, y evitarlo me llena el corazón de gozo. Nunca voy a olvidar la cara de ese muchacho cuando lo felicité sin miedo delante del jefe que creía que podía hacerlo mejor que él. Ese fin de semana, en ese crucero maravilloso e inolvidable junto a mi hija y sus amigos, que nos refrescó la vida, traté de celebrar todo lo bueno y bonito que veía a mi alrededor. Ver las caras de felicidad (y sorpresa) de la gente me regaló a mí esa felicidad que ahora más que nunca me hace falta.

Hace unos días llegué donde mi querida Cassia Cardoso, quien cuida mi piel desde hace varios años, y le conté lo emocionada que estaba escribiendo un nuevo libro y le expliqué lo que quería lograr con él.

Cassia es una de esas mujeres exitosas que siempre parece estar bien. Todo el tiempo tiene una sonrisa en el rostro y siempre tiene una anécdota bonita que compartir. Parece que se hubiera traído toda la alegría de su Brasil querido. Ella se emocionó cuando le expliqué que en estas páginas mi sueño era regalar fuerza y esperanza para que todo el que tuviera el corazón herido pudiera sanar con estas letras y volver a levantarse para ir a alcanzar sus sueños.

De pronto, empezamos a hablar de lo que nunca habíamos hablado. Cassia comenzó a contarme cómo fue abusada y yo, además de sorprenderme mucho, porque nunca habría sospechado el sufrimiento que había en su pasado, inmediatamente entendí que su historia de cómo pasó del sufrimiento al éxito debía quedar impresa en estas páginas.

Carta a una mujer abusada
Por Cassia Cardoso

Hola, mi querida amiga:

Mi historia, lamentablemente, se parece a la historia de muchas mujeres, pero antes de contarte la mía, quisiera comenzar diciendo que si alguien hace 20 años me hubiera dicho que estaría hoy hablándote sobre cómo superé todo lo vivido, no le hubiese creído. Si hace 20 años alguien me hubiera dicho que estaría finalmente con mi familia, todos juntos en Estados Unidos y viviendo una vida bonita, me costaría mucho trabajo creerle. Y si alguien hace 20 años me hubiera dicho: "Cassia, sé fuerte, porque tu historia inspirará a muchas mujeres", hubiese suspirado escéptica. Sin embargo, aquí estoy, izando mi bandera blanca para hacer las paces con mi pasado.

Hoy me desnudo ante ti porque sé que mis cicatrices forman la mujer que soy, y desnuda, tal como estoy, me será imposible disfrazar lo que viví, pues si he de vestirme con un traje solo quiero el de la transparencia que me caracteriza.

Mientras escribo esto, pienso que quizás algún lector me conozca y solo vea a la Cassia fuerte como un roble, esa que ven en mi clínica siempre con una sonrisa y feliz, pero hasta el roble más firme se quiebra. Detrás de esa Cassia que muchos conocen, segura y bien plantada, hay una mujer que sufrió un montón por años, incluso desde temprana edad. No será fácil abrirme y despojarme entera ante tantos lectores anónimos, pero si al hacerlo ayudaré a otras mujeres, entonces mi historia habrá valido la pena.

Hoy puedo decir que superé esos pensamientos limitantes del "qué dirán de mí", pues en el pasado eso me controló bastante. Yo siempre buscaba complacer en todo para agradar a los demás, aunque eso socavara mi propia felicidad. Ahora vivo en libertad de ser quien quiera ser, pero fueron muchos los abusos que viví desde niña. Abusos que mermaron mi autoestima y confianza en mí misma, haciéndome creer que no merecía ser feliz.

Vamos al pasado, ese que aún miro con ojos de niña, pero consciente de que forjó mi carácter. No te miento, solo de remover estos recuerdos una tristeza me embarga porque quiero abrazar a esa niña y decirle que todo estará bien, que cada lágrima tendrá su razón de ser, porque incluso lloro en este momento, pero sé que el llanto puede sanar también.

Nací en Saõ Paulo en 1967, dentro de una familia pobre. Tuve una infancia feliz hasta los cinco años, cuando mi padre murió de un ataque al corazón. A partir de entonces, mi mamá tuvo que ausentarse para poder mantenernos a mí y a mi hermana menor. Trabajaba todo el día y parte de la noche hasta altas horas de la madrugada, así que yo debía cuidar a mi hermana, pues éramos nosotras solas tratando de sobrevivir.

A los siete años comenzaron los primeros abusos. Los vecinos sabían que mi hermana y yo estábamos solas, y uno de ellos se aprovechó de esa situación, abusando sexualmente de mí durante varios años. Era muy niña para saber cómo manejar una situación como esa. No sabía qué hacer, pero estaba clara de que quería proteger a mi hermana, así que preferí que los abusos recayeran solo en mí.

Más adelante, mi madre tuvo una pareja, un hombre que tenía un hermano que abusó sexualmente de mí por mucho tiempo. Nadie lo supo, ni siquiera mi mamá, pues yo sentía mucho miedo y a la vez vergüenza de mí misma, así que lo callé.

Pero de tanto callar mi primera crisis llegó a los 13 años de edad. Sentía una tristeza infinita por haber perdido a mi padre y con él a mi red de seguridad y mi posibilidad de una infancia bonita. Incluso sentía culpa como si yo hubiese hecho algo para provocar los abusos. Esa misma culpa se transformó en un dolor tan fuerte que yo solo quería acabar con mi vida. Y aunque prefiero reservarme los detalles de esta parte, solo diré que esos pensamientos suicidas me acompañaron hasta más grande, pues los abusos sexuales que viví se extendieron hasta que cumplí 17 y pude "salir" de mi situación. Digo "salir" porque eso pensé cuando conocí al que fue mi esposo por 25 años, un hombre mucho mayor que yo que en ese momento vi como mi tabla de salvación, mientras me ahogaba en la tristeza y el dolor.

Ingenuamente pensé que él sería mi oportunidad para salir adelante y de sentirme amada y protegida. Supongo que yo veía en él una figura paterna que no tenía, ya que me llevaba 14 años de edad y así, muy joven, me casé pensando que él sería diferente.

Nada más lejos de la realidad. Esta persona perpetuó los abusos, aunque esta vez eran más psicológicos porque me manipulaba y me hacía sentir que yo no valía nada. Tantos años de abusos me llevaron a normalizarlos hasta el punto de pensar que ciertamente me los merecía. Si ya mi autoestima estaba en el suelo, con esta pareja me sentí peor, me creí el cuento de que mi valor era nulo y que debía permanecer con él, pues nadie más me querría a su lado.

Pero hasta en las situaciones más oscuras hay luz, y eso representaron mis tres hijos. Una luz que me mantuvo y mantiene viva hasta el sol de hoy. Ellos han sido mi motor más grande para todo en mi vida. Y sí, fueron 25 años de tortura psicológica, pero me sentía atada y creía que no era capaz de vivir, ni merecía, algo mejor. Que debía quedarme con él y así proveerles a mis hijos los recursos necesarios para estudiar y vivir bien. Quería que ellos sí tuvieran a sus dos padres y no experimentaran el abandono que yo sufrí.

Este hombre era infiel, borracho y dominante. No me dejaba ni siquiera estudiar, por lo que tuve que hacerlo a escondidas, con la ayuda de una amiga que se encargó de pagar mis estudios. A ella le estaré por siempre agradecida. Viví sintiéndome atrapada y poca cosa, ya que él siempre hacía comentarios sobre mi persona y mi cuerpo. Debido a mi embarazo de gemelos mi cuerpo cambió mucho, y sus comentarios poco a poco me destruían por dentro, afectando mi psiquis y autoestima.

Sin embargo, lo más duro para mí fue descubrir que esta persona, mi esposo, el padre de mis hijos, tenía preferencias muy parecidas a las de los hombres que pasaron antes por mi vida. Eso fue devastador para mí, y no te imaginas el golpe tan profundo que fue reconocer una situación de esa magnitud en mi propio hogar... Saber esto me destrozó por completo y removió todos esos miedos, dolores y culpas que yacían enterrados en mí. Yo seguía aguantando por mis hijos, no quería darles una vida sin padre o sin comodidades y por eso toleraba mi propia infelicidad, pues en aquella época no tenía ni los recursos ni el entendimiento que tengo ahora.

Debo hacer un paréntesis aquí que me parece muy importante: si bien mis hijos fueron y son mi mayor motivo para seguir mi camino, también lo fue y continúa siendo mi fe en Dios. Una fe inquebrantable y a prueba de balas. En lo más hondo de mi ser, yo sentía la convicción de que Dios tenía un mayor propósito para mí y debía mantenerme en pie. Siempre lo supe y hoy lo compruebo. Ahora mi historia será el testimonio de una evolución en la que asumí muchos retos para llegar a donde estoy hoy. Pero eso te lo contaré en las siguientes páginas.

Continuando con mi vida marital, el quiebre finalmente ocurrió en una reunión familiar. Mi hija mayor estaba ya casada y viviendo en Estados Unidos, y estando yo con toda la familia reunida, mi ahora exesposo, muy borracho, me humilló delante de todos. Entre otras cosas, me dijo que nadie jamás iba a querer estar conmigo ni aunque yo pagase para ello.

Esa fue la gota que derramó el vaso. Fue muy vergonzoso sentir su desprecio ante la mirada del resto, pero quizás esa era la gota que yo necesitaba para poner fin a 25 años de tortura. Me levanté y firmemente le contesté que se tragaría cada una de sus palabras.

Al regresar a nuestra vida en Brasil la decisión ya estaba tomada. Me divorciaría de él, aunque fuese mal visto por la familia y la sociedad. Sabía que para muchos sería un *shock*, pues desde afuera lo nuestro parecía un matrimonio perfecto. Él era un odontólogo respetado y a los ojos de los demás incapaz de hacer daño, pero esa no era la realidad. Yo estaba decidida y hablé con mis hijos.

Al solicitar oficialmente el divorcio, él me hizo saber que lo firmaría, pero sin concederme lo que me correspondía por ley: "Te doy el divorcio, pero te quedas sin nada". Yo accedí, no quería nada de él, no me importaban los bienes ni el dinero, solo quería salir corriendo de allí, de esa relación tóxica que me destruyó por dentro.

Me vine a Estados Unidos con 7 dólares en el bolsillo, sin ropa ni nada. De hecho, fue la empleada de la casa quien me compró el boleto de avión para poder viajar. Lo hice sola, pues mis hijos aún hacían carrera en Brasil y yo no tenía cómo apoyarlos económicamente acá. Recién llegué y empecé a trabajar con una camilla desarmable que me prestaron. Tocaba a las puertas de las personas y trabajaba de casa en casa todos los días y sin parar. Vivía con un miedo constante de que inmigración me detuviese y me llevase de vuelta a Brasil. No fue fácil, apenas ganaba para pagar mi cuarto en una vivienda que compartía con más personas. De verdad no me alcanzaba ni para una comida en McDonald's. Sin embargo, a pesar de todos los obstáculos, siempre mantuve mi fe. Sabía que lo iba a lograr, así que trabajaba sin descanso, durmiendo solo dos horas por noche.

Mis sacrificios y perseverancia rindieron sus frutos. Desde abajo y poco a poco fui escalando hasta construir una compañía que hoy, con mucho orgullo, puedo decir que alimenta a más de 22 familias. Esa fue mi promesa desde el principio, ayudar a más mujeres a salir adelante. Conmigo trabajan colombianas, ecuatorianas, salvadoreñas, venezolanas, entre otras nacionalidades, que también vinieron como yo a Estados Unidos en busca de mejores oportunidades. Así que me veo reflejada en cada una de ellas.

Para Dios no hay imposibles. Yo viví por décadas bajo el yugo de otros, sin mencionar que durante los primeros cinco años que viví acá, en Norteamérica, estuve separada de mis hijos. Yo siempre los quise proteger. De hecho, jamás les hablé mal de su padre, pues mi relación con él es diferente de la que ellos tienen. Hoy en día son adultos y comprenden mejor la situación, sin hacer juicios.

Gracias a Dios, tengo la dicha de tener a toda mi familia cerca en este país que nos abrió las puertas. Tengo tres nietos a quienes amo con locura y por ellos solo puedo dar gracias. También tengo un esposo increíble que me ayudó en ese proceso de reconstruir mi amor propio y valorarme como persona. Y por ironías de la vida, aunque por varios años llegó a ganarse el sustento como *stripper*, yo no tuve que pagar para que quisiera estar conmigo y amarme como soy.

Mi mensaje final para todas las mujeres que me leen es que sepan defender su valor. A mí me tomó muchos años reconocer mi verdadero valor, pero nunca es tarde. Más bien debo confesar que una de las cosas que más me apasiona es trabajar con mujeres que tienen sueños, pero que no creen en ellas mismas, pues al verme en ese antiguo espejo siento el llamado a ayudarlas a ver ese potencial. Y como a diamantes en bruto las guío para que puedan brillar.

Eso es lo que me motiva día a día, incluso en aquellos en los que no quiero levantarme de la cama, pues sigo teniendo mis propios desafíos internos. Sin embargo, allí está Dios, el mismo que nos devuelve la confianza en nosotros para vencer y nos señala el camino cuando nos sentimos perdidos. Hoy yo vencí mi miedo a abrirme y contar mi verdad. Gracias, Luz María, por regalarme este espacio para conectar. Gracias por hacerme parte de este libro tan especial.

A ti que me lees, gracias por llegar hasta acá y dejarme llorar en tu hombro. De todo corazón, espero que mi historia pueda impulsar a otras personas a perseverar y encontrar su propósito. Cierro y me despido con este versículo que me ayudó a abrir los ojos y entender que Dios siempre está allí: "Si Dios es por nosotros, ¿quién contra nosotros?". (Romanos 8:31)

Con amor ❤
Cassia Cardoso

GUÁRDALO
en tu alma

*Quiero abrazar a esa niña y decirle que todo estará bien,
que cada lágrima tendrá su razón de ser.*

———————

*Si Dios es por nosotros, ¿quién contra nosotros?
(Romanos 8:31)*

———————

*Allí está Dios, el mismo que nos devuelve la confianza
en nosotros para vencer y nos señala el camino cuando
nos sentimos perdidos.*

———————

*Mi mensaje final para todas las mujeres que me leen es
que sepan defender su valor. A mí me tomó muchos años
reconocer mi verdadero valor, pero nunca es tarde.*

———————

Para Dios no hay imposibles.

———————

CAPÍTULO 8

La fe sí mueve montañas y muchas cosas más

Cuando mi mamá estaba en el hospital en medio de la pandemia del COVID-19, tuvimos en *Despierta América* la visita de Daniela Álvarez, la exreina de belleza colombiana que perdió una pierna y cuya historia conté en *El arte de no quedarte con las ganas.*

Después del *show* recibí un mensaje directo en Instagram de Diana Correa, una colega periodista que trabaja en el mismo canal donde yo trabajo, pero a quien yo no conocía personalmente. El mensaje decía: "Hola, Luz María. Trabajo contigo en Univision en el noticiero local. No creo que me recuerdes. Soy colombiana como tú. Estoy en Medellín hace un mes con una licencia sin pago porque a mi mamá le amputaron una pierna. Soy hija única y la estoy cuidando. Si puedes, quisiera le pidieras a Daniela un mensaje para mi mamá. Ojalá me leas".

No solo la leí, sino que le pedí su teléfono para que Daniela llamara a su mamá. Y fuimos más allá: Daniela fue a su casa y le regaló una silla de ruedas a la señora. El tiempo pasó y Diana y yo seguimos nuestra relación por escrito, ya que no solo tenemos diferentes horarios, sino que por la pandemia ella trabajó muchos meses desde su casa.

Un día, un compañero me contó que estaba triste porque se había enterado de que al esposo de una de las productoras del noticiero, que era policía, le habían descubierto un cáncer. Yo sabía que el esposo de Diana era policía y se me arrugó el corazón de pensar que ella estuviera pasando ahora por otra tristeza semejante. Le escribí y me contestó que efectivamente él tenía un linfoma que descubrieron cuando lo llevaron al hospital por un dolor abdominal que pensaron que era una úlcera. En ese momento le respondí: "Entrégale todo el poder a Dios. Esta es otra lección de vida. Vive el día y no te adelantes a crear nada con tu cabeza que no sea un final feliz. Aquí estoy para lo que necesites. Sin pena". Ella me contestó: "Tenemos mucha fe. Hemos orado mucho. Ya nos hizo el milagro de que no esté en la médula. Sabemos que Él todo lo puede y confiamos en Él. Nos vemos viajando de nuevo juntos y felices con nuestros perritos".

Desde ese día, la vida de Diana se convirtió en un sube y baja de emociones. Seguimos escribiéndonos hasta que un 23 de diciembre me contó que su esposo estaba en remisión y que en todo el proceso la Virgen de Medjugorje había jugado un papel protagónico.

Diana no sabe cómo ella ha multiplicado mi fe, por eso le pedí que fuera parte de este libro y que escribiera su historia, para que todo el que lea esto vuelva a creer que tiene listo su milagro. Aquí lo comparto con ustedes.

La historia de nuestro milagro

Por Diana Correa Rodríguez

Creo que nadie está preparado para una noticia tan devastadora como un diagnóstico de cáncer. Aunque cada vez es más común, nunca lo pensamos hasta que lo tenemos en frente.

Te cuento que nosotros lo primero que vivimos fue la negación. Nuestro primer pensamiento fue que nos estaban dando el diagnóstico de otra persona. No lo vimos venir. Una visita al hospital por lo que creíamos era una gastritis o, en el peor caso, una úlcera, se complicó, y lo que pensábamos que sería una madrugada se convirtió en un mes en el hospital y en meses de tratamiento intenso.

Ese día la doctora nos dijo: "No se pueden ir. Ya viene un equipo de oncólogos para empezar los estudios hoy mismo". Mi esposo tenía una masa del tamaño de una pelota de softbol en el abdomen. Dentro de la negación le dije a la oncóloga: "¿Cómo saben que es cáncer? No le han hecho ni una biopsia". Su respuesta fue: "Les tengo que ser muy sincera. Nunca he visto una masa de ese tamaño en esa área que no sea cáncer". Fue de alguna manera un aterrizaje forzoso a la realidad, pues en ese momento supe que el camino sería largo, pero tenía claro que íbamos a dar la pelea.

Claro que por mi mente pasó el peor escenario, pero empecé a orar y a pedirle a Dios que nos permitiera salir adelante y superar la enfermedad, porque aunque solo una persona reciba el diagnóstico, la enfermedad la vive toda la familia. Siempre he sido una persona de fe, de pensar en Dios, la Virgen y los ángeles en los momentos difíciles, de orarles y sentir sus milagros, pero definitivamente en este momento de nuestras vidas comprobé de muchas maneras que ellos están ahí para darnos fuerza y sostenernos en la oscuridad.

Tengo en la billetera hace muchos años una estampa de la Virgen de Guadalupe que me trajo una amiga cuando visitó la basílica en México. Desde el primer día, la saqué y la puse al lado de la almohada de Eddie. Empezamos a orar juntos todas las noches a San Rafael, el ángel protector de la salud, a quién le he orado por la salud de mi mamá en otras ocasiones. También escuchábamos juntos unas oraciones de autosanación muy relajantes.

Estando ya en el edificio de oncología, mi esposo decide comprarse una manilla (pulsera) de San Rafael con su imagen y el hilo verde que es el color que lo representa, y le pedí que comprara otra para Lisa, una amiga que hacía pocos días había pasado por una cirugía delicada. Pasó más de un mes y las manillas nunca llegaron. En la página de Amazon decía todo el tiempo "En tránsito" y las olvidamos. Un viernes llega la manilla. Mi esposo la saca y no era la que él pidió. Era una manilla de una Virgen y con el hilo negro. Desilusionado la dejó en la mesa del comedor. Ese mismo domingo, una amiga suya le trajo una cajita con varias cositas religiosas. Él sacó una manilla de San Peregrino, el santo que cura el cáncer y se la puso.

Para esa fecha, mi esposo había empezado a rezar el rosario diariamente. La mañana del lunes al salir del hospital me pidió que lo acompañara a la iglesia para rezar el rosario. Siempre vamos a una iglesia de la Virgen de Guadalupe que está relativamente cerca de casa. En camino se dio cuenta de que esa mañana no se puso el rosario, así que decidimos comprar uno en la tienda de la iglesia.

Cuando entramos, la señora que atiende al público nos explicó que los rosarios los hacían en oración en Colombia y Venezuela. Durante la oración pedían por quien sería el dueño. Y le dijo a mi esposo que eligiera el rosario que más le llamara la atención y que la medalla le daría un mensaje. Eddie dejó uno muy masculino que yo le había elegido y tomó otro que le llamó la atención. Cuando lo iba a pagar la señora le dijo: "La Virgen de Medjugorje es una Virgen muy milagrosa", y nos contó la historia de esa Virgen. La escuchamos, pensamos "qué interesante", pagamos y salimos. Luego entramos a la capilla a rezar el rosario y nos fuimos a casa.

En casa, unas horas más tarde, de una manera casi mágica nos dimos cuenta de que en la cajita que le trajo a Eddie su amiga había una estampa de la misma Virgen con el nombre ese que ni sabíamos pronunciar en ese momento: Medjugorje; y esa misma noche, cuando le llegó a mi amiga Lisa la que debía ser la manilla de San Rafael, nos dimos cuenta de que la manilla que nos había llegado "por equivocación" era también de la Virgen de Medjugorje.

En ese momento, ya nos llamó la atención que nos pasaran tantas cosas el mismo día justo con esa advocación de la Virgen y empezamos a investigar sobre sus apariciones y sus milagros. Conocimos sobre sus apariciones diarias desde 1981 en ese pueblo llamado Medjugorje, que está en Bosnia y Herzegovina, antigua Yugoslavia. Aún no entendemos cómo una Virgen de un lugar tan lejano llegó a nosotros de esa manera. Nadie nos habló de ella. Es como si ella se nos hubiera presentado sola y se hubiera encargado de que nos diéramos cuenta de que estaba con nosotros. Para nosotros ahí empezó el milagro.

Unos días más tarde, estando de nuevo en la iglesia de Guadalupe, parqueó delante de nosotros un auto con un *sticker* que decía "Yo soy Medjugorje". Alcancé a la joven que conducía y ella nos dijo que esa Virgen le había cambiado la vida y nos habló maravillas de ella y del pueblo.

Después de la tercera quimioterapia, mi esposo tenía una revisión porque le habían descubierto un gen que podía hacerlo inmune a la quimio. Recuerdo que ese día durante mi oración le prometí a esa Virgen que si lo sanaba iríamos a visitarla apenas pudiésemos viajar. Ese día el médico nos mostró que el tumor había casi desaparecido, pero debíamos terminar las 6 rondas de quimioterapia que tenía programadas para estar seguros.

Con ese resultado nuestra fe creció. Las siguientes sesiones de quimioterapia fueron cada vez más complicadas. Su régimen era de 96 horas seguidas conectado a la máquina, yendo y viniendo todos los días del hospital durante una semana, y los efectos cada vez eran más fuertes. Su cansancio y debilidad muchas veces no le permitían ni pararse de la cama. Se le cayó el pelo, incluso el de las cejas y pestañas, el color de su piel cambió, pero sabíamos que todo eso era efecto de la medicina.

La primera semana luego del tratamiento era la más dura. Luego, en la segunda, empezaba a mejorar y en la siguiente ya empezaban de nuevo sus 96 horas de quimioterapia. Su mantra era: "Mañana me sentiré mejor que hoy", y su mejor arma, como él mismo lo dice, el rosario.

Un mes después de su última quimioterapia tuvo el *PET scan* y una semana después la cita con el oncólogo, en la que nos dieron la noticia más esperada: ya no había rastro del cáncer, y le dieron la remisión.

Esa mañana hubo otro milagro, porque no encontramos cómo describir cada manifestación de la Virgen en nuestras vidas. Antes de salir para el hospital miramos una nota que su amiga, la de la cajita, le había escrito. La nota decía: "Eddie, pídele a San José que te sane como me sanó a mí. *From* Marilis". Pero la nota no estaba escrita en una postal de San José, como uno esperaría, sino que estaba escrita en una postal de la Virgen de Medjugorje. Nos pareció extraño y le mandamos una foto de la nota a su amiga. Al salir del hospital fuimos a la iglesia de Guadalupe para agradecer que ya estaba sano.

Estando nosotros ahí, su amiga le responde el mensaje y muy sorprendida le dice: "¡Eddie, ese sí es el mensaje que yo quería darte, y aunque tiene tu nombre y el mío estoy en *shock* porque esa no es mi letra!". Ni ella ni su familia reconocían la caligrafía con la que estaba escrita la nota.

El 18 de marzo, día en que la Virgen se le presenta a una de las videntes, estuvimos en Medjugorje para agradecerle personalmente el milagro de la sanación de mi esposo. Fue un viaje maravilloso en el que conocimos personas muy especiales y sus historias, y confirmamos que Dios y la Virgen están con cada uno de nosotros siempre, y que cuando les pedimos con fe en los momentos más difíciles, ellos nos sostienen a pesar de la adversidad.

Oración de sanación

En armonía con el Universo, bajo la gracia de Dios y de manera perfecta, solicito en esta oración al poderoso, bondadoso y guía espiritual Rafael Arcángel, que nos conceda bienestar físico y espiritual a mí y a todos los que me rodean: familia, amigos, conocidos y desconocidos.

Amado Arcángel Rafael, yo te invoco como el patrón de aquellos que están afligidos por la enfermedad o dolencia corporal. Me dirijo a ti, implorando tu auxilio divino en mi necesidad actual para que, por favor, alivies de su dolor físico, mental y espiritual a (mencionar aquí la persona), así como todas las personas que están sufriendo algún padecimiento que les cause aflicción o dolor en cualquier parte del mundo. Si es la voluntad de Dios, dígnate a sanar su enfermedad o, al menos, concédeles la gracia y la fuerza que necesitan para poder soportarla con paciencia y sin sufrimiento.

GUÁRDALO
en tu alma

*Entrégale todo el poder a Dios. Esta es otra lección
de vida. Vive el día y no te adelantes a crear nada con
tu cabeza que no sea un final feliz.*

———————

*Dios y la Virgen están con cada uno de nosotros siempre
y cuando les pidamos con fe. En los momentos más
difíciles, ellos nos sostienen a pesar de la adversidad.*

CAPÍTULO 9

Y de pronto, en medio
de la felicidad...

La vida se encarga siempre de sorprendernos. Un *email* que nos
llegó a todos los empleados anunciaba que el nuevo presidente de Univision Radio era el colombiano Alejandro Nieto. Me
dio mucho orgullo saber que un colombiano iba a ocupar desde
ese momento ese cargo tan importante. Alejandro se mudaba
de Madrid, donde había sido presidente de la cadena SER, y
pronto vendría con su esposa y sus dos hijas a vivir a Miami.

A la semana siguiente, otro *email* nos daba una mala noticia:
Alejandro había fallecido en Miami. Sí, así como lo leen. Alejandro había fallecido. Inmediatamente empecé a rezar por su
esposa sin siquiera saber su nombre. Llamé a un par de amigos
para averiguar cómo había sucedido todo y me explicaron que a
Alejandro le había dado un infarto.

La noticia me impactó mucho y me hizo pensar otra vez en lo
frágil que es la vida. Esta familia exitosa comenzaba una nueva
vida en Miami. Alejandro se instaló primero allí para empezar

a trabajar, mientras su esposa se quedaba en Madrid con sus dos hijas que terminaban el año escolar. Nunca se imaginaron que ellas viajarían a Miami al funeral de su papá y de su esposo, y que aquí no iban a comenzar solamente una nueva vida, sino una nueva vida sin él. Sin conocerlas, sentí mucha compasión por las tres.

Una tarde recibí una llamada de un amigo, quien a su vez era muy amigo de Alejandro. Él me pidió que recibiera a Marcela Sarmiento en mi oficina. Marcela Sarmiento era la viuda de Alejandro Nieto, por quien yo había rezado sin siquiera conocerla. Así es la vida. Y así escribe Dios sus historias. Inmediatamente le dije a mi amigo que sí, y cuando colgué vi la mano de Dios acercándome a la persona a la que Él me había acercado en mis oraciones.

Un par de días después Marcela y yo estábamos hablando como viejas amigas en mi oficina. Me sorprendió mucho su fuerza. Me contó cómo había sucedido todo y en sus ojos pude encontrar el enorme dolor y hasta el miedo que da volver a empezar. Pero Marcela nunca me habló como una víctima. Al contrario, me pareció una mujer enamorada y valiente que estaba dispuesta a empezar de nuevo en Miami.

Marce, que es hoy mi compañera de trabajo y mi amiga, comenzó a trabajar conmigo desde aquel día, y cada día que pasa reitero que admiro profundamente su valor. Marce es lo más parecido a la palabra resiliencia. Por eso, no dudé en pedirle que le escribiera una carta a una viuda y aquí la tienen.

Carta a una viuda

Por Marcela Sarmiento

Querida amiga:

Quisiera sobre todas las cosas que con esta carta recibas mi cariño y el consuelo de saber que no estás sola. Desde lo sucedido te acompaño en silencio, y cada noche te abrazo desde la distancia con la esperanza de que puedas conciliar el sueño después de un largo día.

Quisiera darte la fortaleza para que te levantes cada mañana, aunque por momentos parezca imposible lograrlo. Quisiera compartir contigo que lo inaceptable e injusto termina dándonos una capacidad de lucha que se volverá rutina, pero sé que ahora te cuesta creerme.

Quisiera que sintieras el impulso en tu corazón para empezar a vivir el duelo a tu ritmo y sin ponerle fecha de caducidad a tu amor, a tus recuerdos o a lo vivido. Todo lo contrario, abrázalos fuertemente para que no olvides cuánto has amado y cuánto amor te han dado.

Quisiera ofrecerte el camino que he recorrido, pero solo tú podrás empezar a construir el tuyo propio con una determinación que te ayude a navegar en los momentos de tristeza y soledad que aparecerán, pero que se volverán a ir con la misma naturalidad de las olas que lleva y trae el mar. Por momentos, te sentirás como un barquito de papel, y en algunas ocasiones te convertirás en un barco trasatlántico cruzando el océano con cielo despejado y tú de capitana.

No desesperes si de repente pierdes la carta de navegación. Tal vez estés a la deriva por algún tiempo, pero la ruta reaparecerá, ya verás. Te mentiría si te dijera que este dolor pasará pronto y que vendrán días felices y noches en calma. Llegarán, pero tomará tiempo, todo el que tú consideres necesario. Paciencia, la que tu espíritu pueda ofrecerte cada día con la tarea de ejercitarla permanentemente. Compasión, contigo y con los demás, para sentir la libertad de llorar, de renegar de lo sucedido, de rechazar la injusticia que la vida ha cometido al quitarte a quien tanto amabas. Estás en todo tu derecho y gritarlo a los cuatro vientos no cambia las cosas, pero sí te ayuda a desahogar el pecho. Llora cuando sea necesario, en privado o en público, y no te avergüences, que suficiente tienes con la tristeza como para preocuparte por otra cosa.

A mí me ayudó mucho buscar espacios para llorar, y te confieso que después de algunos años todavía lo hago. ¿Quieres que te diga algo más? Lo haré con la esperanza de que mis palabras alivien un poco el hueco en tu corazón mientras lees esta carta. Empiezo por contarte que cuando oigo esa canción que bailábamos juntos o cuando mis hijas mueven sus manos o sonríen igual a su papá, me lleno de profunda nostalgia. Esa nostalgia llorona ha ido cambiando por la serenidad con la que ahora convivo. He trabajado duro en mi mente, cuerpo y corazón. Tengo días en los que mi serenidad desaparece, pero la pongo en su sitio haciendo las cosas que me gustan.

He descubierto que cada día me gustan muchas cosas que me hacen feliz, y a través de ellas confirmo que a mi vida le queda mucho por delante y a la tuya también, amiga mía. Eso sí puedo prometértelo.

Contigo,
Marcela

Esa llamada que cambia la vida

A Lizzette Díaz la conocí en Houston cuando me invitó a ser parte de los 16 años del Club de Cocina Goya que ella y su esposo crearon en esa ciudad para empoderar mujeres. Lizzette es periodista y, además, es la creadora de Emprendiendo con Pasión, una organización que ayuda a los nuevos emprendedores. Ella los orienta, y en sus eventos los apoya para que vendan sus creaciones. Como si eso fuera poco, es la creadora de *Felizmente tonas*, un divertido monólogo que habla de las mujeres y la edad.

Ese día que llegué a Houston me invitó a almorzar y a la hora de estar hablando ya parecíamos amigas de toda la vida. Sentí mucho dolor cuando me dijo que había perdido a su esposo durante la pandemia. Admiré profundamente su fuerza y la manera en que se sobrepuso al dolor. Su historia la escribió ella misma de esta manera.

El día en que me di cuenta de que yo era feliz
Por Lizzette Díaz

Una llamada a las 5:05 de la mañana del 26 de diciembre del 2020 cambiaría mi vida para siempre.

El teléfono sonó, pero yo no lo sentí. Mis hijos lo habían puesto en silencio intentando que yo pudiera descansar un poco, lo que se había convertido en algo prácticamente imposible durante el último mes.

Sí, el 26 de diciembre del 2020 fue el día más impactante de mi vida. No solo porque a las 5:05 de la mañana mi teléfono sonó para darme la dolorosa noticia del fallecimiento de mi esposo tras 30 días hospitalizado luchando incansablemente contra el COVID-19 que finalmente lo venció, como lo ha hecho con más de dos millones de personas en el mundo entero, sino porque solo en ese momento entendí que la felicidad que tanto había buscado siempre estuvo allí. Que no hacía falta nada más. Que el amor, el hogar, la familia, la tolerancia, la admiración, la compañía, las risas, las tristezas, las lágrimas, los desacuerdos, las caricias, la buena conversación, la música y el vino eran suficientes para sentirme plena... Que no hacían falta tantas angustias, miedos y agonías para alcanzar lo que ya tenía y que estaba disponible para mí.

La felicidad era parte de mi cotidianidad y ni siquiera lo sabía. Daba por sentado que dormir junto a mi esposo durante los últimos 6,205 días de mi vida era algo natural. Ni siquiera me puse a pensar en que la vida me estaba dando el gran privilegio de compartir ese hermoso trecho de mi existencia con el mejor amigo, esposo, cómplice, colega y mentor que jamás haya podido imaginar.

Durante 30 angustiosos días vi como mis noches tranquilas fueron transformándose en absurdas pesadillas que terminaron con un final tan inesperado como doloroso, y peor aún, vi que la pesadilla seguiría acompañando mis noches todavía, estremeciendo mi cuerpo cada madrugada, pensando en que esto simplemente no está pasando, tratando de crear una realidad distinta, inventándome una fantasía que me haga pensar en que pronto despertaré y que todo volverá hacer como antes... Qué digo como antes..., mejor que antes, porque ahora entiendo lo que realmente es ser feliz y valoro esos momentos que nunca volverán y acaricio los sueños que nunca se cumplirán.

"Lo mejor es que te quedaron bonitos recuerdos" me dice la gente en su intento por alegrar mi espíritu, aligerar mi carga y brindarme palabras que reconforten mi alma, pero lo cierto es que nada es suficiente: las duras batallas que libro con mi almohada cada noche me enfrentan al terrible monstruo de la soledad, al dolor, al cansancio que dejan las guerras perdidas y la impotencia que te paraliza cuando sabes que no puedes hacer nada para cambiar lo que ya pasó.

Luego el consuelo me visita y me anima, me repite en mi interior que todo pasará, incluso este profundo dolor, que volveré a sonreír y que la felicidad me sigue acompañando, que está delante de mí, aunque no la vea, que no es esquiva, aunque de momento la perciba fracturada e incompleta. Y entonces me advierte con una potente voz que sale desde mis entrañas que no me vuelva a dejar engañar, que no me deje hipnotizar, que no permita que nada me empañe los ojos otra vez, que para ser feliz basta con querer serlo, con entender que Pedro no se ha ido del todo, que sigue acompañándome de una manera distinta, que lo puedo ver en mis hijos, en los amigos, en la familia, en el trabajo, en el jardín o en la cocina, que solo tengo que cerrar los ojos para verlo una vez más y sentir sus brazos rodeando mi cintura, acariciando mi cabello y repitiéndome al oído: "Te amo, mi negra consentida". Que el amor sigue estando allí, intacto, indestructible y lo mejor: eterno. Entonces me seco las lágrimas y recuerdo su risa que me contagia, sus chistes que alegran mis mañanas, su fuerza que renueva la mía, su fe que me invita a seguir confiando, su amor que me alienta a continuar amando, su mirada que me enternece y sus palabras que me recuerdan cuánto creía en mí.

Esa mañana algo dentro de mí me despertó de manera intempestiva. Sabía que en cualquier momento podría recibir la noticia que jamás hubiera querido escuchar. Me levanté como un resorte y de inmediato revisé mi celular que estaba junto a mi mesita de noche para descubrir la llamada perdida. Era del hospital. Por unos segundos quedé paralizada sin saber qué hacer, si devolver la llamada inmediatamente o si levantarme para realizar mi rutina matutina: ir al baño, lavarme los dientes, la cara, orar... Así que decidí realizar mi rutina mientras mi corazón me decía a gritos lo que yo no quería escuchar. Hice todo, intentando creer que mi rutina me alejaría de la verdad que no estaba lista para enfrentar. Habían pasado solamente diez minutos desde que vi la llamada, no podía esperar más.

Todavía no sé de dónde saqué fuerzas para enfrentar la noticia sola. No quería despertar a mis hijos que dormían en el segundo piso sin tener algo claro que decirles, así que opté por devolver la llamada. Las manos me temblaban, el corazón me latía a millón y mis ojos estaban completamente perdidos. No había un punto adonde mirar mientras el teléfono sonaba y una perfecta voz en inglés me respondía al otro lado de la línea: *"ICU, how may I help you?"* (Cuidados Intensivos, ¿cómo podemos ayudarla?). Con la voz temblorosa dije: *"I'm Lizzette Díaz. My husband Pedro Arévalo is in the hospital and few minutes ago I received a call from you"*. (Soy Lizzete Díaz. Mi esposo, Pedro Arévalo, está en el hospital y hace unos minutos recibí una llamada de ustedes).

Ni siquiera sabía si estaba diciendo una frase coherente o no, pero fue lo suficientemente clara para que la enfermera me respondiera en español: "Sí, señora Díaz, lamento informarle que su esposo falleció hace solo unos minutos. Necesitamos que, por favor, nos deje saber cuál será la funeraria que se hará cargo de los trámites. Nosotros ya estamos trabajando en los documentos que va a necesitar por su deceso".

Su deceso, muerte, trámites, funeraria, mis hijos, yo, mi familia... No es posible que esto esté pasando, no lo puedo entender. ¿En serio, me estás diciendo que mi esposo perdió la batalla? Pero si él es terco como una roca, ¿recuerdas? Su nombre es Pedro. No creo que me estés hablando de la misma persona. Él no puede morirse, tenemos demasiados planes juntos. Andrea todavía está muy pequeña, los gastos de la casa, ¿cómo voy a mantener yo sola a la familia? No lo creo, ¡no puede ser, me dices que acaba de morir! ¿Y eso qué significa? ¿Qué soy ahora? ¿Esposa, viuda, soltera? ¡Dios! ¡Cuántas preguntas en solo unos segundos! ¡Cuánta confusión en mi mente!

Ella seguía hablando y yo ya no escuchaba. Solo pensaba: ¿cómo voy a subir ahora? ¿A quién le diré primero? ¿Qué debo hacer frente a mis hijos: llorar, gritar, hacerme la valiente, razonar? No lo sé.

Pero las oraciones no habían sido en balde. Una fuerza interior que aún desconozco me mantuvo serena, quizás porque ya me había estado preparando para esta noticia de alguna manera inexplicable para mí. Así que pensé: "Hablaré primero con Martín –su hijo mayor, que había vuelto a casa seis meses atrás después de diez años de ausencia–; luego le diré a Dani, mi hija mayor, y juntos levantaremos a Andrea con la noticia. Así lo hice. Toqué a la puerta de mi hijo, quien de solo ver mi cara supo lo que estaba pasando. No hubo necesidad de explicar nada más, nos abrazamos, lloramos juntos y tocamos la siguiente puerta. Dani se levantó sobresaltada, al vernos también entendió que papi acababa de desplegar sus alas hacia el infinito para siempre, dejándonos con tantas cosas por decir y con tanto por hablar que nuestro pecho se oprimía de dolor. Entonces me preguntó: "Mami, ¿y ya le dijiste a Andreíta?". Le dije que no con mi cabeza. Ahora, los tres, abrazados, sacamos valor de donde no teníamos y nos fuimos al cuarto de Andrea. Yo ya no podía pronunciar ni una sola palabra. Al abrir la puerta y verla dormida, mi corazón se dobló de dolor. Nuestra hija en común, la bebé que llegó apenas 14 años atrás para unirnos como matrimonio, pareja y familia, ahora se quedaba huérfana. Qué dura esa palabra, nunca me la había imaginado tan cerca de mí, pero esa era nuestra nueva realidad a partir de ese momento. La toqué, la abracé y la besé. Se levantó sobresaltada... "¿Qué pasó, mami...?". Y entonces entendió.

Me preguntó: "¿Se murió papi?", y ya no supe qué más hacer. Solo un abrazo con mis tres hijos parecía mitigar el desgarrador momento por el que estábamos pasando. ¡Dios, de dónde puedo sacar fuerzas! Me destrozaba el alma verlos a los tres tan impotentes, con tantas dudas, con tanta rabia, con tanto dolor, con tanto por decir y con nada por hacer. No recuerdo cuánto tiempo estuvimos abrazados los cuatro. Solo sé que nuestros corazones latían al mismo tiempo y llorábamos inconsolablemente.

De repente, me di cuenta de que había que comenzar a hacer los trámites legales. Ya eran las 6:30 de la mañana. Todavía faltaba avisarle a la familia y contactar a la funeraria. La pesadilla apenas comenzaba a cambiar de escenario. Por un mes, mis peores miedos me acompañaron en un escenario incierto, ahora se iniciaba la travesía por otro más incierto aún.

Por un lado, creía entender que Pedro ya estaba descansando luego de luchar con todas sus fuerzas por regresar con nosotros, pero, por el otro, no tenía ni la más remota idea de cómo enfrentaría lo que venía, excepto, que tuve la claridad de saber que sola no lo podría hacer y que iba a necesitar ayuda. Comencé por allí: primero, buscar quien me ayudara con los trámites de su velorio y cremación; luego, encontrar ayuda psicológica para mis hijos y para mí, organizar las cuentas de la casa y hacer un presupuesto sin el músculo financiero de mi esposo.

Revisé sus cuentas. Con casi un mes y medio sin producir y con los pagos automáticos que tenía programados, no quedaba mucho por allí. En la mía encontré casi lo mismo. Llevaba el mismo tiempo que él sin trabajar, con el agravante de que justamente en 2020 había iniciado una nueva faceta en mi vida profesional, que recién comenzaba a entender y que ahora no tenía ni la más remota idea de cómo continuar. Pedro era quien me había dado todo el apoyo mientras me acomodaba como asesora de marketing y creadora de estrategias digitales. Pero ahora, él ya no estaba.

Además de la dolorosa realidad que enfrentaba ante mi nuevo estado civil, ahora como viuda, otras cosas comenzaron a inundar mi mente: la parte económica, la emocional, la profesional, la espiritual, todo estaba moviéndose rápido y en una dirección tan inesperada como distinta. Por primera vez en 50 años me daba cuenta de que no tenía ni la más remota idea de dónde encontrar respuestas a lo que estaba buscando, que me había quedado sin piso, que mis miedos se hacían cada vez más grandes y que una especie de bola de nieve gigante crecía a mi alrededor hasta dejarme sin oxígeno.

Salí al patio de mi casa luego de dejar solos a los chicos para que ellos también tuvieran su propio espacio de dolor. Miré al cielo y descubrí que había un sol radiante, que la brisa corría fresca y suave, que los ruidos de los autos comenzaban a despuntar con el alba, que hacía solo una hora mi esposo ya no estaba con nosotros, pero que la vida seguía, que nada se detenía. Entendí en esos momentos que por mucho que quisiéramos creerlo, no somos indispensables, que todo continuaba, pero de una manera distinta, con o sin nosotros.

Me senté sola y en silencio, intentado responder preguntas sin respuestas. ¿Qué tal si no nos hubiéramos contagiado de COVID? ¿Quién de nosotros lo habrá traído a casa? ¿Fue mi culpa porque yo insistí en que Andrea regresara a la escuela a tomar clases presenciales y no virtuales sin vislumbrar el riesgo que estábamos corriendo? ¿Y si no hubiera llevado a Pedro al hospital? ¿Y si lo hubiera dejado decirme lo que él quería y no le permití porque no quería que pensara en cosas negativas? ¿Y por qué no le dije a los muchachos que fueran conmigo al hospital para que lo vieran por última vez cuando todavía me lo permitían? ¿Y por qué se tuvo que morir? ¿Por qué no fue fuerte como los otros? ¿Por qué nos dejó? ¿Por qué no fue capaz de luchar más? Y pasaba del dolor a la rabia, de la rabia a la impotencia, de la impotencia al llanto, del llanto al miedo y del miedo a la valentía. La montaña rusa en la que se convirtieron mis emociones nublaba mi realidad por completo. No había tiempo para la razón, solo la emoción de lo que perdí para siempre parecía estar ganando la batalla en mi interior. Me quedé sin fuerzas, me sentía literalmente derrotada.

De repente, recordé todo lo que faltaba por hacer. Era sábado, un día después de Navidad, faltaban cinco días para que Pedro cumpliera años e irónicamente la alarma de mi calendario se encendió para recordarme que justamente seis meses antes yo había bloqueado ese 26 de diciembre para festejarle el cumpleaños a Pedro, porque él ya no quería fiestas de cumpleaños que se confundieran con la llegada del año nuevo.

"Nacer el 31 de diciembre es una completa huevada", decía siempre. "La gente se olvida de felicitarte por tu cumpleaños, y cuando lo hacen enseguida te dan el feliz año". Sonreí al recordarlo, y entonces tomé el teléfono para comenzar a llamar: primero a mi familia en Colombia y luego a la de él, en Perú. Más tarde, a los familiares y amigos en Houston, quienes no me dejaron sola ni un solo instante. El dinero por el que me estaba preocupando comenzó a aparecer en mi cuenta. Las donaciones comenzaron a llegar aun en contra de mi voluntad. No quería despertar la compasión de nadie y mi orgullo se peleaba con eso a todo pulmón. De no ser por una buena amiga, nunca hubiera dejado que la misericordia de Dios se manifestara a través de mis amigos de una manera tan extraordinaria. A partir de entonces, cada día era un milagro. Un milagro de amor, de agradecimiento en medio del dolor, de lecciones aprendidas, de sucesos inesperados, de regalos inexplicables, de sueños cumplidos, de certeras respuestas en medio de la incertidumbre.

El 31 de diciembre del 2020 fue el sepelio de mi esposo, su cumpleaños y su despedida, todo en uno. Fue una reunión de amigos, tal y como él lo hubiera querido. Habían pasado solamente 5 días desde su muerte y ya habíamos estado en tres terapias familiares: con un psiquiatra, con un psicólogo y con una tanatóloga. Ellos fueron fundamentales en este proceso de aceptación y de recuperación que sigue siendo difícil de transitar.

No ha habido un camino corto ni tampoco un camino fácil, pero decidí hacer el camino acompañada. Entendí que no podía sola, que no sabía manejar tanto dolor, que no podía responder a tantas preguntas sin respuestas, que no sabía cómo ayudar a mis hijos porque yo misma no sabía ni cómo ayudarme. Rodearme de gente amorosa que ha transitado por este camino y está dispuesta a compartir lo aprendido, siempre y cuando haya un corazón listo para recibirlo, hizo una gran diferencia en mi proceso de duelo.

Eso no quiere decir que ya no sienta miedo o dolor. Claro que sí. Todavía al acostarme el sentir ese profundo vacío a mi lado me llena de nostalgia. Extraño las conversaciones interminables por las noches, hacer el amor, compartir mis sueños y frustraciones, mis alegrías y tristezas, las conversaciones triviales, las peleas, las reconciliaciones. Me duelen las copas de vino que no compartí con él porque me daba sueño, las llamadas perdidas o los textos no respondidos porque pensaba que eran tonterías, el abrazo a la medianoche. Extraño que vele mi sueño, extraño esa mano que apretaba la mía mientras miraba a mis ojos y me decía: "Todo va a estar bien. Confío en ti y en lo que eres". Hoy sigo extrañando todo eso, pero me aferro a lo que me dejó este gran maestro de vida: el valor del verdadero amor, la importancia de vivir en el presente, de aprovechar todo lo que la vida te da con la gente que amas. Aprendí que no hay que posponer nada, que la vida es un ratito y que como tal hay que vivirla a plenitud. Ahora tengo claro qué quiero en mi vida y cómo quiero vivirla, que hay que seguir viviendo, que debemos aceptar el miedo y la vulnerabilidad, que no debe darme vergüenza volver a amar, a creer y a compartir mi vida al lado de alguien más. Que, si encuentro el amor en mi camino nuevamente, voy a ser más flexible, voy a complicarme menos y voy a disfrutar más.

Luego de la muerte de mi esposo me encontré con que la sociedad te ubica en un estado civil, pero que no sabe cómo identificar tu estado emocional. Me encontré ante un mundo tan desconocido que ni siquiera yo podía entender qué hacer con mi anillo de bodas o porqué son tan importantes los ritos de despedida. Ahora, ya los he hecho todos, desde llevar sus cenizas junto a su familia a Perú (el país que lo vio nacer y al que amó tanto) hasta fundir nuestros anillos de bodas para transformarlos en nuevas joyas que ahora reposan en los dedos de mis hijas. El de Pedro se transformó en la sortija que tuvo Andrea como regalo por sus quince años y el mío en un regalo de grado para Dani.

Como esas joyas, también nuestros corazones se han fundido en uno nuevo donde albergamos los más hermosos recuerdos de nuestra vida junto al esposo, junto al papá, junto al amigo, al hijo, al hermano, al tío, pero dándole cabida a cada nuevo día para que nos siga sorprendiendo con sus bellos colores mientras seguimos transitando por este maravilloso mundo y por la vida.

Si crees que todavía no eres feliz, piensa realmente en lo que eso significa para ti, porque podría ser que ya eres absolutamente feliz, pero todavía no te has dado cuenta.

Lizzette Díaz

GUÁRDALO
en tu alma

*Quisiera darte la fortaleza para que te levantes cada
mañana, aunque por momentos parezca imposible
lograrlo. Quisiera compartir contigo que lo inaceptable
e injusto termina dándonos una capacidad de
lucha que se volverá rutina.*

———————

*Luego el consuelo me visita y me anima, me repite
en mi interior que todo pasará, incluso este profundo
dolor, que volveré a sonreír y que la felicidad me sigue
acompañando, que está delante de mí, aunque no la
vea, que no es esquiva, aunque de momento la perciba
fracturada e incompleta.*

———————

*Si crees que todavía no eres feliz, piensa realmente en lo
que eso significa para ti, porque podría ser que ya eres
absolutamente feliz, pero todavía no te has dado cuenta.*

———————

*Aprendí que no hay que posponer nada, que la vida es
un ratito y que como tal hay que vivirla a plenitud.*

———————

CAPÍTULO 10

¿Cómo llega la alegría después de la inmensa tristeza?

Lourdes Stephen trabajó conmigo durante varios años y, además de su profesionalismo y capacidad de preparación, siempre he admirado su alegría y sentido del humor. Un día renunció para irse a conducir *Al rojo vivo* y le deseé lo mejor porque sé que iba persiguiendo un sueño. A los pocos días de haberse ido recibí una llamada de ella.

"Luzma anoche soñé contigo", empezó diciéndome. "Imagínate que en mi sueño mi mamá me decía que no siguiera pensando que ella iba a volver, que ella ya había descansado para siempre. Durante muchos años, para no sufrir yo me inventaba que mi mamá no había muerto y que se había ido y un día iba a regresar. Y en el sueño, Luzma, yo corrí a contártelo a ti".

La llamada de Lourdes me emocionó. Siempre he admirado su alegría precisamente porque sé que quedó huérfana muy joven y sé la falta que le ha hecho su mamá. Los que hemos tenido cerca a Lourdes sabemos perfectamente cómo era su mamá, pues ella constantemente la menciona e incluso imita su voz de una manera tan divertida que yo siento que la mamá de Lourdes fue mi amiga.

Ver a Lourdes es pensar que uno debe llorar siempre, pero de risa. Sin embargo, sé que ella ha vivido su dolor y ha aprendido a vivir con él.

Después de esa llamada que me hizo contándome que me colé en su sueño, le pedí que se colara ella también en este libro. Y también le pedí que le escribiera una carta a una huérfana y le enseñara lo que le ha ayudado a mantener viva a su mamá. Aquí la tienen.

¿Qué hace uno cuando el amor más grande de su vida ha partido?

Por Lourdes Stephen

Desperté, abrí los ojos y vi una estrella, todo al mismo tiempo y mientras escuchaba la peor noticia de mi vida en la sala de un hospital: mi madre había fallecido. Honestamente, hubiera preferido que ese fuera el inicio de una pesadilla, pero lamentablemente fue el final de una bella realidad, la de haber tenido a mi madre conmigo por 24 años.

Cada uno de nosotros tenemos o tendremos una forma diferente de vivir esta pérdida inigualable, y a pesar de esas posibles diferencias nos une el dolor, ese que te atraviesa el alma, que te aplasta y te ahorca... ¡Es el mismo dolor!

Y ahí viene la pregunta: ¿qué hace uno después de que el amor más grande de su vida ha partido? ¿Qué hace uno cuando la mujer que te enseñó a amar, que te susurraba cuando llorabas lo valioso o valiosa que eras, la que te protegió con todas sus fuerzas, ya no está?

Tal vez, si estás leyendo estas palabras, es porque estás atravesando algo parecido. Y por eso te escribo a ti. Porque yo pasé por eso. Y comparto tu dolor, comparto tu luto y ese vacío que nos queda. Y no te voy a engañar, nada podrá llenarlo, pero podemos flotar en él. Cada uno de nosotros vivirá este proceso de forma diferente. Te voy a contar la mía.

Cuando mi madre fallece, yo me alejé de todo y de todos. Me fui a un país diferente, conocí personas diferentes y empecé una nueva vida. No lo hice por alejarme cobardemente de los míos, sino porque ese era un sueño que tanto mi madre como yo habíamos planeado, y esa era la fecha específica en que yo debía partir para materializar el sueño de hacer mi maestría en periodismo en la Boston University.

Antes de partir de mi natal República Dominicana le pedí la bendición a mi padre y le pregunté si nuestros planes seguían a pesar de que ella ya no estaba con nosotros. Él me dio no solo un sí, sino todo su apoyo. ¡Esos primeros días fueron muy difíciles, pero como yo estaba alejada de todo no solamente ella me hacía falta, sino todos!

Para algunos, esta sería la estrategia perfecta, para otros sería hacer las cosas aún más duras, porque no tenía apoyo a mi alrededor. Mi familia y yo estábamos sufriendo por separado, pero así se dieron las cosas.

En más de una ocasión me vi frente a dos caminos. Uno, hacer lo correcto; el otro, proceder sin miedo a las consecuencias. En cada una de esas situaciones siempre me hice la misma pregunta: ¿Qué haría mi madre y cuál camino la haría sentirse orgullosa de mí?

Ahí comprendí que nunca estaba sola y que los hijos nos quedamos con esa enseñanza que nos dan nuestros padres. Comprendí también que a pesar de que ella no estaba físicamente conmigo, yo siempre tendría que tomar las decisiones que honraran su memoria. Y hasta ahora, así lo he hecho.

Otra parte difícil en este proceso es cuando extrañas. Cuando ves a familias felices, a hijas con madres en una tienda, compartiendo un helado o simplemente tomándose de la mano. Hasta cierto punto las envidias y darías todo porque esa fueran tu mamá y tú. Y eso va a pasar, es inevitable, pero entendí que lo más sano para mí, en vez de enfocarme en lo que no pudo ser, era recordarme lo que sí viví. Yo fui esa hija con su madre, yo me reí con ella, yo lloré con ella y aprendí con ella. Dios nos regaló una vida hermosa como familia. Y ahora, en vez de sufrir porque no estuvo en mi boda o cuando nació mi hijo, o por los muchos cumpleaños y navidades que no estuvo a mi lado, ¡ahora doy gracias porque la tuve! Doy gracias porque crecí con ella, doy gracias porque la conocí y porque todavía tengo recuerdos hermosos de su luz en mi vida.

Ya empecé a llorar otra vez porque, honestamente, ese dolor nunca te abandona. Qué maravilloso sería darle un abrazo o escuchar su voz, pero es cierto que aprendes a vivir con esa ausencia física.

Y de esa misma manera tenemos que revivir los buenos momentos, más que los tristes. A nadie se le olvida ese momento cuando escucha esas palabras horribles o cuando nos toca ver el cadáver de la mujer que nos parió. Sin embargo, decidí no enfocarme en eso ni en el dolor, ni en si sufrió por alguna enfermedad. ¡No! Me enfoco en esos ojos llenos de felicidad y amor que me miraban hasta el día que se fue este planeta. Siempre tratemos de recordar lo bueno, siempre. Es lo más sano para nosotros.

Y de esta forma te recuerdo algo que seguro mucha gente ya te ha dicho: "A ella no le gustaría verte llorar". Es verdad, pero no solo recuerda que a ella no le gustaría verte llorar, sino también que a ella sí le gustaría verte conquistar esas metas que te llenan de felicidad y te hacen sonreír. Así que no puedes poner tu vida en pausa. Tienes que seguir caminando, tienes que seguir viviendo y te aconsejo hacerlo de una manera que la honre.

Por eso, una de las cosas que recomiendo es siempre tener algo que te motive, que te apasione y/o que te haga sonreír. En mi caso, yo no tenía a nadie de mi familia conmigo, pero sí una meta, que era graduarme. Ella y yo la codiciamos juntas.

Ahora te pregunto, ¿qué tienes a tu alrededor? ¿Tienes a tu padre, hermanos, abuelos, espos@ e hijos? Ellos pueden ser el motor perfecto para seguir adelante. ¿Tienes algo por lo que has trabajado o soñado toda tu vida? ¡Conquístalo! Organiza situaciones que te empujen a hacer eso que te hace feliz, que te apasiona. Tal vez no va a pasar en los primeros días. Siento que cada cual tiene que vivir su proceso a su manera. Pero tenlo presente para cuando llegue ese momento en que estés preparado o preparada para dar ese paso.

A veces, también a nivel emocional bloqueamos determinados sentimientos, ya sea porque no te quieres enfrentar a ellos o porque quieres ser el soporte de toda tu familia. Es muy noble de tu parte querer hacer eso, pero tampoco es tu responsabilidad vivir el luto de tus familiares o las otras personas que han sido afectados por esta partida. Si los bloqueas, que sea porque tu corazón te está diciendo que no puedes abrir esa puerta, que no estás preparado o preparada, pero eso no puede ser para siempre. Si lo guardas muy al fondo, en algún momento va a explotar y esa explosión puede ser letal para ti.

Nunca olvides el valor de llorar. ¡Es sano llorar! Tenemos que sacar esa amargura que se nos pega en los pulmones, pero todo en su justa medida. Cuando te estés ahogando así, del dolor, tienes que abrir el paracaídas para amortiguar la caída. No puedes tirarte al vacío sin tener un colchón que te espere abajo.

Para muchos, parte de sanar es poder hablar, poder hablar con gente que haya pasado por lo mismo que tú. Estoy totalmente de acuerdo con eso, siempre y cuando estés preparado o preparada para hacerlo.

Yo hablo siempre con Dios, y en esos momentos difíciles le pido consuelo y ayuda. Y jamás me ha fallado. Han pasado muchos años desde que murió mi mamá y yo he pasado por situaciones difíciles. He sentido que la vida se me acaba, pero también he aprendido a sonreír y a lo impensable: a hablar de ella con ojos brillosos, pero sin lágrimas.

El otro día estaba conversando con mi hijo, que apenas tiene siete años, de su abuela, o sea, de mi mamá, y ese día no lloré. Al contrario, me reí muchísimo compartiendo con él las anécdotas de la maravillosa madre que tuve. Ese día dormí con una sonrisa porque me enfoqué en la alegría y no en el dolor.

Querido lector, eso espero para ti también. Que llegue muy pronto ese día en que puedas hablar sin llorar y recordar sin sufrir.

Por mi fe, sé que algún día la volveré a ver y la abrazaré más fuerte que nunca. Pero mientras llega ese momento, siempre sabré que tengo esa estrella a mi lado, esa misma que apareció el día en que ella se fue.

Lourdes Stephen

El secreto de la familia

Siempre he sido muy cercana a la comunidad gay porque tengo grandes amigos y familiares que lo son, y porque desde niña cada vez que estaba cerca de alguien gay me preguntaba con tristeza qué sentiría esa persona al no poder expresar el amor libremente.

Recuerdo que una vez mi papá llegó de una fiesta pasado de copas y se puso a llorar. Ese día me confesó que uno de sus hermanos era gay y que a él le dolía mucho porque sabía que su hermano sufría en silencio. Hace 50 años eso era un gran secreto de familia. Recuerdo que al día siguiente le pregunté a mi papá más sobre mi tío (al que solo vi una vez en mi vida) y me dijo que prefería no hablar del tema porque le dolía mucho.

Mi tío Orlando vivía en otra ciudad y aunque nunca se tocó el tema públicamente, yo creo que él mismo decidió no ser muy cercano a la familia.

Ahora que han pasado tantos años me sorprende que mi obediencia le haya ganado a mi curiosidad y que yo nunca volviera a tocar el tema. De hecho, me vino a la mente ahora que escribo esto que quizás por ese secreto de familia es que ahora soy tan abierta a tocar el tema y, sobre todo, a apoyar a la comunidad gay. Justo se lo comento a una prima mientras escribo este párrafo y me corrobora que su papá, o sea, mi tío, tampoco les habló nunca del tema, y que ella lo único que sabía era que mi abuela era la única cercana a Orlando porque fue un gran hijo. Ella, por su parte, le preguntó a otra prima que vivía en la misma ciudad y esta le corroboró que él vivía solo desde muy joven porque mi abuelo lo botó de la casa cuando descubrió que era gay.

Ahora que gracias a este libro he tenido el valor de averiguar más sobre ese secreto familiar, pienso en todos los Orlandos que sufren hoy por el rechazo. Este libro también va por ti, tío, y ojalá desde el cielo nos hayas perdonado por no entenderte hace 50 años.

La persona que mejor me educó sobre la comunidad gay fue Cristina Saralegui. Gracias a ella aprendí a respetarlos más y a ayudarlos a luchar por sus derechos. Parte de mi misión periodística ha sido educar a nuestra comunidad y, sobre todo, a los padres de familia que tienen un hijo homosexual.

Recuerdo que cuando Luis Sandoval, uno de nuestros reporteros de *Despierta América*, decidió decir públicamente en el programa, en vivo, que era gay, le pedí que lo hiciera junto a su mamá. Creo firmemente que cada vez que una mamá ve que otra apoya a su hijo gay, se siente más confiada para hacer ella lo mismo.

Porque conozco bien el dolor que puede sentir alguien a quien se le juzga por su orientación sexual es que decidí incluir el tema en este libro. Y te quiero decir a ti, que tienes un familiar gay o que quizás lo seas, que no hay nada de qué avergonzarse. Y que, si eres el que rechaza, debes pensar que le estás causando un dolor extra a esa persona que no eligió ser homosexual, sino que así llegó a este mundo. Y cada vez que alguno de mis amigos gay me dice que les duele la falta de comprensión de algunas religiones, a los católicos siempre les digo que no tengan miedo de ir a la iglesia a hablar con Dios. Estoy segura de que esas reglas las crearon los hombres y que Jesús nunca los hubiera condenado. Es más, pienso que los hubiera abrazado.

Durante mi vida profesional he estado siempre muy cerca de la organización GLAAD (*Gay and Lesbian Alliance Against Defamation* o Alianza Gay y Lesbiana contra la Difamación) y especialmente de la directora senior de medios hispanos y representación de Latinx Media, la autora uruguaya Mónica Trasandes. Ella se ha convertido en una gran aliada para educar a nuestra audiencia sobre la comunidad gay, y mientras escribía este libro le pedí que le escribiera una carta a una jovencita o jovencito que acabara de descubrirlo. Esto fue lo que le dictó su corazón.

Esta carta se dirige a una mujer, pero el mismo mensaje de amor se comparte con hombres y personas no binarias.

A veces le pedía a Dios que me hiciera heterosexual...
Por Mónica Trasandes

Hola, querida:

Y te digo "querida", aunque no te conozco, porque es muy importante que sepas que en este mundo hay amor para ti.

Cuando joven, yo pensaba que ser lesbiana era algo muy malo que iba a causar que mi familia, amistades y comunidad me rechazaran. Lo pensaba porque veía y escuchaba cómo alguna gente se burlaba de las personas lesbianas, gays, bisexuales y/o transgénero en la sociedad, en los medios, en todos lados. Sentía tanta preocupación y miedo por mi secreto que a veces le pedía a Dios que me hiciera heterosexual.

¿Cómo llegué a este día en el que siento algo muy diferente? Empezó con encontrar una comunidad LGBTQ, primero en España y después en Estados Unidos, y luego visitando México, Guatemala, Chile, Argentina, Inglaterra, mi lindo Uruguay, el país donde nací, entre otros. En España qué divertido era ir a bailar a las discotecas y ver llegar el amanecer cantando sevillanas a las 4 de la mañana. Qué lindo salir de un club en Montevideo e ir a tomar algo y comer unas pizzas con personas alegres y dulces. O ser invitada a una cena donde todo el mundo se quería y se apoyaba.

Me empecé a dar cuenta de que la comunidad estaba compuesta, en parte, por individuos que fueron rechazados donde nacieron. Muchos se habían sentido aislados y solos en sus escuelas, donde lo que se les ofrecía a diario eran insultos, o en sus hogares, donde a veces tenían que actuar como les habían enseñado que actúan las mujeres y los hombres. Pero en estas ciudades y en estos clubes, fiestas o cenas en casa de amistades, podían abrir el corazón. Y no solo para recibir, sino también para dar afecto.

Aquí la gente se daba abrazos y apapachos. Aquí había risa y resistencia. Aquí se alzaban las voces en conjunto y fuertemente para demandar una cura o mejores medicamentos para combatir el sida. Aquí se protestaba para simplemente poder vivir sin miedo y poder reconocer a nuestras parejas y familias.

Aquí había mucho en el presente y en el pasado. Luego, aprendí un poco sobre la historia de los latinos en la comunidad. Sylvia Rivera, una mujer trans, ayudó a crear el movimiento moderno LGBTQ. También estuvieron la cantante Chavela Vargas; Ramón Navarro, el actor de Hollywood de las décadas del 20 y del 30 y muchos más.

Esta comunidad me ayudó a aceptar quien soy. Si el precio de ser gay iba a ser perder la familia biológica, por lo menos aquí estaba una bellísima comunidad LGBTQ: mi familia de corazón.

Muy, muy felizmente cuando les dije que soy mujer lesbiana, mi familia no me rechazó, al contrario, y ese amor ha sido la base de mucha felicidad. El apoyo familiar ha sido importante, pero lo más importante sigue siendo la autoestima. A veces es difícil creer en ti misma. Puede ser que algunos te digan o te hagan sentir que eres demasiado diferente, que debes esconder quién eres. Yo te prometo que ser "diferente" es un regalito, aunque a veces mal envuelto. Quizás no se ve tan lindo por afuera, pero cuando te atreves a abrirlo encuentras algo esencial: amor propio. Y lo vas a necesitar porque muy seguido nos toca educar a las personas que queremos. Nuestros padres y abuelos y tíos se criaron en un mundo homofóbico, bifóbico y transfóbico (¡igual que nosotras!) y han escuchado muchas mentiras o estereotipos basados nada más que en la ignorancia. Ahora mismo puede que estén escuchando mensajes erróneos sobre quiénes somos.

Te va a tocar a ti, a veces, ayudarles a entender, a reemplazar mentiras con la verdad. Sí, tenemos que luchar y educar, pero también hay cosas muy lindas que forman parte de esta comunidad.

Rodéate de buenas personas, ríe mucho, baila cuando puedas, trata de perdonar la ignorancia de otros, goza, conoce, lucha por los que tienen menos que tú, explora el mundo exterior y también el intelectual. Y si te sientes sola, busca alguien a quien darle tu amor. Y si no encuentras a alguien en este momento, no te preocupes. Mírate al espejo y sabrás que vales mucho.

Te conté que una vez le pedí a Dios que me hiciera heterosexual. Me siento eternamente agradecida de que, en vez de heterosexual, Dios, el universo, la comunidad LGBTQ o una linda combinación de todos me hicieron algo mejor todavía: estar orgullosa de ser quien soy.

Con todo mi amor y apoyo,
Mónica

GUÁRDALO
en tu alma

Tal vez, si estás leyendo estas palabras, es porque estás atravesando algo parecido. Y por eso te escribo a ti. Porque yo pasé por eso. Y comparto tu dolor, comparto tu luto y ese vacío que nos queda. Y no te voy a engañar: nada podrá llenarlo, pero podemos flotar en él.

———————

Nunca olvides el valor de llorar. ¡Es sano llorar! Tenemos que sacar esa amargura que se nos pega en los pulmones, pero todo a su medida.

———————

Siempre tratemos de recordar lo bueno, siempre. Es lo más sano para nosotros.

———————

No puedes tirarte al vacío sin tener un colchón que te espere abajo.

———————

Por mi fe, sé que algún día la volveré a ver y la abrazaré más fuerte que nunca.

———————

Me siento eternamente agradecida de que, en vez de heterosexual, Dios, el universo, la comunidad LGBTQ o una linda combinación de todos me hicieron algo mejor todavía: estar orgullosa de ser quien soy.

———————

Te va a tocar a ti, a veces, ayudarles a entender, a reemplazar mentiras con la verdad.

CAPÍTULO 11

Que no lo veas no quiere decir que no exista

En este punto y después de haber compartido contigo tantos testimonios, tengo que confesarte que durante toda mi vida siempre preferí no hablar de cosas que sumaran tristeza. Me daba miedo. Por alguna razón pensaba que hacerlo era atraer cosas negativas a mi vida. Inocentemente y diría también que, de manera absurda, creía que era mejor ni tocar esos temas.

Este libro, por ejemplo, no hubiera existido hace 10 años. Hoy lo considero necesario para servir y para vivir mejor. Y mientras lo escribo pienso que a muchos de los lectores seguramente no les ha llegado el momento difícil por el que les servirá leerlo. Quizás, en este momento, mientras yo lo estoy escribiendo, tú aún no lo necesitabas. Ese es el misterio de la vida: la manera increíblemente perfecta en la que Dios trabaja.

Uno de los mensajes que más me han llegado al alma es el de una mamá que me escribió contándome que *La mujer de mis sueños* la levantó de la cama donde estaba tirada por la muerte de su hijo. Yo nunca pensé mientras escribía ese libro que podría darle fuerzas a una madre cuyo hijo de 24 años fue asesinado. Y siempre hablo de ella en las entrevistas porque ella, sin saberlo, me enseñó a creer más en mi sueño.

Curiosamente nunca más supe de ella y hace unos días, almorzando con mi hija Dominique y con nuestra amiga Valeria Conde, les conté esta historia y les dije que me encantaría recuperar a esa mujer para darle las gracias. Vale me dijo: "Búscala en tus mensajes directos de Instagram. Puedes escribir una palabra de aquel mensaje que te envió y te va a aparecer".

Ahí mismo, en la mesa del restaurante, hice lo que Vale me dijo y al minuto tenía en frente el mensaje que esta lectora me había enviado el 15 de enero de 2017, diciéndome: "Te agradezco sobremanera este libro… Soy una mamá que perdió a su hijo y tengo que seguir hacia delante y estas son las cosas que me dan fuerzas para seguir… Gracias". Yo asumí que había perdido a su bebé antes de nacer y le respondí: "Gracias por contármelo. Cuéntame de tu hijo, de ese angelito que estoy segura te devolverá las fuerzas para que te conviertas en todo lo que sueñas". Y ella me respondió: "Gracias a ti por tomar tiempo para escucharme. Él fue mi único hijo, tenía 24 años y hace apenas 3 años que se fue. Ese día yo venía de Santo Domingo, adonde fui a hacer una diligencia, y cuando llegué del aeropuerto me fui derecho a visitarlo. Solo 40 minutos después de que me fui de su casa —donde él vivía con su novia y mi adorada nieta— llegó un amigo. Él se montó en su carro cuando vino otro y de ahí les dispararon a los dos y los mataron sin piedad. Esta es la hora y no se supo quién fue. Desde entonces no sé quién soy ni dónde meterme para seguir sin él. Libros como el tuyo me dan las fuerzas y me hacen soñar con poner mi propia peluquería —que ese fue mi sueño— y con ayudar a otras mujeres como yo. Te quiero mucho, Luzma, y te doy las gracias por escucharme. Dios te bendiga".

Después de releer aquel mensaje que se había quedado grabado en mi corazón, le envié un correo de voz dándole las gracias y contándole cómo la había encontrado de nuevo. A los pocos minutos, me respondió sin creer que yo le estuviera hablando. Me emocioné tanto que me puse a llorar y le conté cómo su mensaje había reconfirmado mi misión. Me contó que vivía en Orlando y le prometí que un día nos conoceríamos y nos daríamos un fuerte abrazo.

Yo creo y quiero que este libro ayude mucho a todo aquel que esté pasando un momento difícil en su vida. Ya aprendí que estos cambios inesperados que nos ponen a prueba le pueden pasar a cualquiera. Las situaciones difíciles que nos toque vivir deben reforzar nuestro valor. Siempre hay que pensar que todo puede mejorar y que nada es para siempre.

El tiempo me fue enseñando que ponerte una venda en los ojos para no ver las cosas negativas no quiere decir que no existan ni tampoco previenen que te pasen. También aprendí que no podemos vivir con el miedo a que la vida nos cambie de un minuto a otro. Alimentar de esperanza nuestros pensamientos hará que podamos disfrutar cada instante de este recorrido llamado *vida*.

De la misma manera, ya no estoy tan convencida de que, si se te derrama la sal, se te cruza un gato negro o pasas debajo de una escalera, tendrás mala suerte. Creer que un gato definirá tu futuro es negar la presencia de Dios en tu vida. Sobre todo, cuando estudias el origen de las supersticiones y te das cuenta de que detrás de cada superstición hay una razón válida que te permite entender su origen. Creer que si se te derrama la sal te va a dar mala suerte, se debe a que hace miles de años la sal era muy preciada y nadie se podía dar el lujo de perderla, pero no tiene nada que ver con que derramarla cause mala suerte. Lo mismo ocurre con el cuento de que si caminas debajo de una escalera te ocurrirán cosas malas. Esto se origina en que durante la época medieval se pensaba que las escaleras se asemejaban a las horcas.

Escribiendo esto llega a mi memoria aquel día en Cartagena en que estando yo muy chiquita nos mudamos a un apartamento frente al mar, y ese mismo día de la mudanza yo me puse a brincar al lado de un espejo y lo partí. Alguien me dijo en ese momento, muy asustado, que ahora íbamos a tener siete años de mala suerte en aquel apartamento. Y yo le creí. De hecho, en ese apartamento nos pasaron cosas desagradables que yo siempre le atribuía al espejo roto.

Hoy entiendo que se metieron los ladrones no porque yo partí un espejo el primer día que dormí allí, sino porque el encargado de seguridad del edificio era un delincuente. Tiempo después aprendí que el origen de esa superstición fue por allá por el siglo XIV, en una época en que tener espejos costaba mucho dinero, y si un sirviente lo partía tenía que pagarlo y era castigado con la pérdida de su salario hasta que cubriera el costo del espejo.

La suerte siempre será un misterio fascinante. Tengo una amiga que cuando tiene rachas de mala suerte se convence de que le están haciendo brujería y se hace limpias. Y no dudo de que esto le dé la seguridad que necesita para pensar que después de hacérselas sí le va a ir muy bien. (Lo dicho: "Si pasa por tu mente, pasa por tu vida"). Y hay incluso personas que previenen esas supuestas rachas de mala suerte con limpias y baños especiales para atraer, según ellos, las cosas buenas.

Cuando a los seres humanos nos suceden cosas que no son buenas, siempre tendemos a echarle la culpa a la mala suerte. Conozco personajes brillantes que consultan numerólogos antes de firmar contratos o de mudarse a una nueva dirección. Una vez, tuve que mover de lugar un sofá amarillo y esconderlo durante una entrevista porque el cantante que íbamos a entrevistar consideraba que el color amarillo le traía mala suerte.

Lo único cierto es que la suerte siempre va a ejercer una fascinación en el ser humano. Yo confieso que cuando me sucede algo no muy bueno no me dan ganas de ponerme la ropa que llevaba puesta cuando eso ocurrió.

Y todo esto te lo cuento porque cuando nos toca vivir momentos difíciles, que no se solucionan rápido y en vez de mejorar se van complicando, bautizamos ese momento como "una racha de mala suerte".

Yo creo que en vez de echarle la culpa a la mala suerte hay que creer que Dios, el Universo o como quieras llamar a esa fuerza superior que nos guía, nos está enviando una lección de vida que nos va a ayudar a ser mejores personas. Y, sobre todo, a ser mucho más valientes.

Lo que piensa un experto en la suerte

Víctor Florencio, también conocido como el Niño Prodigio, es uno de los videntes más reconocidos de Estados Unidos. Lo conozco desde que Cristina Saralegui lo invitaba a su *show* y era casi un niño. Hoy somos amigos y disfruto mucho conversar con él, aunque le tengo prohibido que se cuele en mi futuro y menos que me diga lo que está viendo.

Con todo lo curiosa que soy, no me gusta visitar videntes, aunque me parece fascinante que otros lo hagan. Yo sí creo que hay personas que vienen a este mundo con ciertos poderes y que hay otros que son charlatanes.

Para mí, el futuro es un lienzo en blanco que quiero pintar sin que nadie me diga los colores. Quiero seguir creyendo que hay que trabajar con fuerza para conseguir lo que queremos. Y sí, ya sé que los clientes fieles a los videntes aseguran que estos les facilitan el camino, pero yo prefiero sentir que la fuerza divina facilita el mío.

Es muy común que cuando estemos pasando por un momento difícil queramos resolverlo tocando todas las puertas posibles. Una de esas puertas es la del Niño Prodigio, y por eso quise entrevistarlo.

¿Existe la mala suerte?

Siento que la mayoría de las situaciones que definimos como "mala suerte", en realidad son producto de una mente y pensamientos negativos. Es cierto que existen momentos o situaciones en los que uno no puede evitar expresar "*Wow*, qué mala suerte", pero si te concentras en enfocar tus pensamientos en cosas positivas y cambias tu chip entonces verás que se harán más frecuentes esos periodos de paz, plenitud y estabilidad. Además, hay que cuidarse mucho de la envidia, que yo siempre he dicho que es una de las peores energías que existen, y, en lo posible, actuar haciendo el bien en todo momento. Recuerda que lo que tú haces se devuelve. En esta vida siempre se cumple la ley del karma y el dharma. ¡No lo olvides!

¿Cómo puedes predecir cuando algo malo o bueno le va a pasar a alguien?

Yo nací con un don que desarrollé desde muy niño. Muchas veces siento y percibo las cosas antes de que sucedan. Seguro recuerdas el día que te conocí y todavía no habías hecho tu primera publicación. En ese momento te dije: "Tú vas a ser autora no de uno, sino de varios libros". Y hoy tengo el gusto de participar en uno de ellos.

Otra anécdota que recuerdo, muy triste por cierto, fue una vez en México con Alberto Ciurana. Ese día lo vi allá y le dije a una gran amiga que trabajaba con él: "Yo le veo la muerte a él", y ella me dijo: "Ay, Niño, no digas eso. Él está en su mejor momento". Aproximadamente tres semanas después, él mismo anunció en sus redes que tenía COVID y ahí te manifesté lo que me había pasado con él en mi reciente estancia en México. A los pocos días, Alberto murió. Y tú eres testigo de eso, a pesar de ser muy respetuosa de tus creencias y, en ocasiones, un poco escéptica con este tipo de temas.

De todos modos, cabe destacar que mi ser de luz también me habla de cosas positivas. He visto matrimonios, hijos naciendo y muchas hermosas bendiciones.

¿En qué consiste una limpia?

Una limpia es un ritual energético que se usa para limpiar tu aura. Y para ello se usan un sinnúmero de hierbas, aromas o esencias sanadoras que contribuyen a depurar las energías. Un ejemplo es el caso del romero o la lavanda, que ayudan a calmar y tranquilizar las emociones. También es importante mantener una actitud positiva frente a la vida. Todos estos componentes, junto a tu creencia o devoción, sea cual sea, combinada con el poderoso efecto de la fe, te ayudarán a limpiar y liberarte de cualquier atadura que bloquee tu desenvolvimiento.

Prácticas como la aromaterapia, el uso de la medicina holística, entre otras herramientas para la limpieza energética, son iguales a lo que, desde hace años atrás, se ha venido practicando. Lo que pasa es que antes, a las personas que las ejecutaban se le llamaban "brujos" o "curanderos", y ahora se conocen como *coach* o sanadores espirituales.

¿Crees en las rachas de mala suerte? ¿Cómo se evitan?

Los que hemos estudiado la astrología científica sabemos que hay períodos a lo largo del año que son influenciados por aspectos astrológicos densos que dan esa sensación de "mala racha". Ejemplo de ello es cuando Mercurio está en su fase retrógrada y las comunicaciones se entorpecen, algunos aparatos electrónicos se dañan o pueden retrasarse algunos procesos. Y así existen muchas otras configuraciones astrológicas que pueden hacer que la atmósfera se torne un tanto compleja. Por otro lado, a nivel espiritual, lo podemos presenciar cuando te rodeas de personas negativas y esa actitud oscura acapara tu ser y tu forma de actuar. Así que yo invito a todos los que están leyendo este libro a que hagan un "LeReGo, LeReGo, LeReGo"* para que todo les resbale.

El día que me estrené una cartera tuve un accidente en el que mi carro fue pérdida total. ¿Debo asumir que la cartera me trajo mala suerte y regalarla?

Si tu sientes que la cartera te trae mala suerte, sí te recomiendo que la regales o salgas de ella porque esa energía no es buena para ti. Recuerda que, aunque algunas cosas por naturaleza no representen ningún mal, a veces nosotros mismos le damos el poder de perjudicarnos. Entonces es muy posible que te sugestiones cada vez que la uses. Mi recomendación es que salgas de ella.

¿Qué debe tener alguien en su casa para tener buena suerte?

Lo primero que debes tener en cuenta es que las casas hay que mantenerlas como un templo sagrado. Yo tengo un ritual todos los viernes, me gusta ese día porque es muy místico, entonces

---

* Letras iniciales de la frase o mantra "Levántate, renueva y goza".

busco un poco de incienso de iglesia, palo santo y salvia. Todo esto lo quemo y lo llevo por cada rincón de mi casa, también me lo paso alrededor del cuerpo y voy decretando que todo lo malo se vaya de mi casa.

También recomiendo tener en la casa una frase o decreto positivo ubicado en una zona de alto tráfico donde puedan leerlo constantemente. No acumular muchas cosas, todo aquello que ya no les sirva botarlo, o regalar las cosas que estén en buen estado y puedan ser útiles para alguien más. Tener los espacios limpios, aseados, con buena luz. Y tengo al Arcángel Miguel en la entrada de mi casa para que proteja mi vida y mi hogar. Como dato adicional, puedo recomendar la planta de sábila, que ayuda a depurar la atmósfera de malas energías y la planta de bambú, que ayuda a atraer abundancia y desenvolvimiento.

La psiquiatra española Marian Rojas Estapé, autora del libro *Cómo hacer que te pasen cosas buenas*, asegura que la suerte es el resultado de nuestra preparación: "Como psiquiatra he investigado mucho sobre este tema porque he visto que hay personas que parecen tener una vida llena de suerte, mientras que otras parecen tener una vida llena de problemas y dificultades, pero ¿qué es realmente la suerte? Según Séneca es donde confluyen la preparación con la oportunidad. Y estoy totalmente de acuerdo con esa frase. Si quieres que algo bueno te suceda en la vida tienes que prepararte y trabajar duro para ello. Si te enfocas en estudiar y visualizar lo que quieres, estarás más preparado para recibir las oportunidades que se te presenten. Recuerda que la suerte no es algo que solo les sucede a algunas personas. Todos podemos crear nuestra propia suerte si estamos preparados y atentos a lo que se nos presente en el camino".

El gran escritor Robin Sharma, por su parte, es enfático al describir la suerte: "El concepto de tener buena suerte es una mentira. La suerte requiere enfoque, riesgo, trabajo, aprendizaje y años. Tú no tienes suerte, tú la creas".

Mi primera amiga y su primer gran dolor

Gladys Bustillo fue mi primera amiga. La conocí en el jardín infantil de Crespo Marisol, en Cartagena, adonde nuestros padres nos llevaron al kínder. Ella era la sobrina de las dueñas del colegio y se paseaba por todas partes con una seguridad absoluta, y yo era la miedosa que pensaba que sus papás iban a dejarla abandonada en el colegio.

Nunca se lo he preguntado, pero supongo que Busty, que no conoce la vergüenza, me escogió como amiga a los 4 años al verme tan tímida y miedosa. Busty, como la apodó Federico, nuestro profesor, siempre estaba feliz, era la experta en echar cuentos y nunca la vi triste ni decaída. Desde chiquita fue muy compasiva. A los dos años de estar en ese colegio me mudé de barrio y me cambiaron de colegio, pero cinco años después la vida me regaló una gran alegría al reencontrarme con Busty en el mismo colegio al que yo fui a estudiar: el colegio El Carmelo.

Busty era como la mamá de todas nosotras, inteligente, responsable y buena alumna. Siempre bien informada, divertida. A ella le debo pasar en mis exámenes de álgebra y no voy a entrar en detalles para no darles mal ejemplo. Cuando su hermana tuvo a su primera hija, Busty se convirtió en la tía consentidora de Claudia Margarita.

Cuando me vine a vivir a Miami, Busty, que se había ido a vivir a New Jersey, decidió mudarse conmigo seis meses que siempre recordaré como una de las épocas más divertidas de mi vida.

Ella fue la primera de nuestro grupo en convertirse en mamá. A los 22 años tuvo a Luisa y me dio el honor de ser su madrina. Sí, por Luisa Fernanda nos convertimos en comadres. Dos años después nació Sergio. Para ese entonces ya yo trabajaba en Miami y Busty había regresado a Cartagena. Un día me llegó la triste noticia. Sergio estaba en el hospital con meningitis. Entró al hospital en la madrugada de un jueves y como tuvo una leve mejoría le dieron de alta el sábado. El domingo estuvo más animadito y comió y jugó un rato con su hermanita Luisa. El lunes lo llevaron donde el médico para hacerle un seguimiento porque la fiebre había regresado, le cambiaron el antibiótico y esa noche del lunes comenzó a convulsionar.

Sergio murió el martes en la noche en el hospital. Tenía 10 meses. No había palabras en ese momento. Nada parecía poder dar consuelo a mi amiga y a su esposo Marcel. Dos meses después la invité a mi casa con mi ahijada Luisa y fue la única amiga que estuvo en mi boda civil. En aquel momento, yo no encontraba palabras para darle consuelo, solo quería que Busty pudiera volver a ser feliz.

Mi amiguita de kínder nunca convirtió en amargura su gran dolor. Todos siempre hemos visto a Sergio como su gran angelito en el cielo. Cuando le pedí que le escribiera a otra mamá que perdió a su hijo, y que le hablara con todo su corazón de lo que a ella le había servido para aliviar su dolor, me mandó esta carta.

El tiempo no cura nada porque no hay nada que curar
Por Gladys Bustillo

Cuando mi hijo murió alguien me dijo: "El tiempo todo lo cura, y ya verás como con el tiempo ese dolor sanará". Hoy, que han pasado tantos años, puedo decirte que el tiempo no cura nada porque realmente no hay nada que curar... Hoy que han pasado ya 33 años puedo decir que la separación de un hijo no es una enfermedad que necesita cura y, mucho menos, una herida que necesita sanar porque el amor hacia un hijo jamás se enferma ni muere, no acaba, no disminuye, no vence... Al contrario, se eterniza en el tiempo y el espacio.

Cuando un hijo muere, muere solo su parte física porque su alma, su espíritu, vive eternamente, y eso sí es algo que vas a agradecer siempre, porque va a estar más unido a ti de lo que nunca antes estuvo. Pasas a compartir y convivir con él las 24 horas del día, ¡todos los días! Cuando un hijo muere, también muere con él una parte de ti. Mueren sueños, ilusiones y sentimientos.

Algunas veces muere hasta tu fe. Esa es la primera parte en esta separación física. Al pasar los días, meses y años eres capaz de vivir esa separación sin dolor por la partida, y la aprenderás a vivir con agradecimiento por el tiempo compartido, por las enseñanzas dadas (porque te aseguro que cada situación que vivimos viene a enseñarnos una o muchas cosas). Y comienzas a encontrar los "para qué" de esta separación.

Durante los primeros tiempos, no eres capaz de encontrar respuestas convincentes a esos "por qué". Y allí es donde nos enredamos en una espiral de dolor. Cuando somos capaces de descubrir los "para qué", comenzamos a ver y vivir la muerte de una manera diferente.

En mi proceso de aceptación me ayudó mucho leer, leer todo lo que encontraba sobre temas espirituales, de autoayuda, historias de resiliencia y sobre el alma, historias de personas que han perdido a sus hijos de todas las edades y por diferentes circunstancias. Así fui descubriendo y aceptando, de a poco, lo que mi alma escogió vivir antes de llegar a este mundo. Eso me ayudó a vivir. Sí, así como te lo digo, a vivir cada nuevo día –aunque solo quería morir con él–, a salir de mi dolor, a dejarme un poco al lado a mí misma y ser consciente de que me rodeaban personas que me querían y necesitaban. Solo así comencé a encontrar muchísimos motivos cada día para agradecer.

Y cada nuevo día que vivo, agradezco el privilegio de haber sido escogida como su madre. Aunque el tiempo terrenal fue muy corto, el espiritual es para toda la eternidad.

Te abrazo con fuerza,
Gladys

GUÁRDALO
en tu alma

Si te concentras en enfocar tus pensamientos en cosas positivas y cambias tu chip, entonces verás que se harán más frecuentes esos periodos de paz, plenitud y estabilidad.

También es importante mantener una actitud positiva frente a la vida. Todos estos componentes, junto a tu creencia o devoción, sea cual sea, combinada con el poderoso efecto de la fe, te ayudarán a limpiar y liberarte de cualquier atadura que bloquee tu desenvolvimiento.

No acumular muchas cosas. Todo aquello que ya no les sirva botarlo, o regalar las cosas que estén en buen estado y puedan ser útiles para alguien más. Tener los espacios limpios, aseados, con buena luz.

Sí, así como te lo digo, a vivir cada nuevo día –aunque solo quería morir con él–, a salir de mi dolor, a dejarme un poco al lado a mí misma y ser consciente de que me rodeaban personas que me querían y necesitaban. Solo así comencé a encontrar muchísimos motivos cada día para agradecer.

CAPÍTULO 12

Convierte tu dolor en poder

Cuánta razón tenía Steve Jobs cuando dijo en aquel discurso en la Universidad de Stanford que la vida era una serie de puntos que se conectaban y que no se podían unir esos distintos puntos mirando adelante, que se podían unir solamente mirando hacia atrás.

Lourdes del Río puede dar fe de eso. Esta destacada periodista puertorriqueña es mi colega de Univision Noticias y siempre he admirado su trabajo como reportera del noticiero. Durante la pandemia perdió a su padre por culpa del COVID y recuerdo que le escribí por Instagram dándole el pésame. Poco a poco nos fuimos haciendo amigas, ya que ella decidió lanzar en plena pandemia un pódcast que se llama *En positivo*, y le recomendé a algunos invitados.

Curiosamente, el mismo día que ella anunció el pódcast salió a la venta mi libro *El arte de no quedarte con las ganas* y bromeábamos con que habíamos parido el mismo día. Incluso ella me invitó a ser parte de su pódcast. Acepté enseguida hacer la entrevista, y cuál no sería nuestra sorpresa al darse cuenta ella de que la entrevista nunca quedó grabada, por lo cual tuvimos que repetirla. Y así nuestra amistad se fue alimentando de anécdotas. Nos llamamos "hermanas de la vida" y nos unen, además, las ganas que ambas tenemos de servir.

Un día, una noticia que ella no hubiera querido dar ni yo escuchar nos confirmaba que Lourdes tenía cáncer de seno. Y ahí mismo empezó un viacrucis que ella ha sabido caminar con optimismo, como si su mismo pódcast *En positivo* la hubiera preparado para hacerlo.

Durante todo el tiempo que se sometió al tratamiento, Lourdes ha ido compartiendo su proceso en redes de una manera real y positiva. Lourdes ha sabido convertir su dolor en poder convirtiéndose en esa amiga de todos que cuenta las cosas como son y a la vez reanima y conforta.

Durante su proceso me explicaba que lo estaba viviendo con mucha paz, según ella porque Dios la hizo a prueba de balas. Recuerdo especialmente este mensaje: "Es que como que el Universo se empeñó en que todo me pasara este año para aprender y crecer. Soy una mariposa, amiga: metamorfosis total".

Si algo se me quedó en el corazón, como un gran aprendizaje, es que Lourdes se declaró sobreviviente desde que le diagnosticaron cáncer, y vivió una gran alegría el día que regresó a trabajar libre de él y, como ella misma lo explicó en sus redes sociales: "Con 30 libras menos, con poco pelo, canas, pero con mi pasión intacta".

Esta es la carta que hoy le escribe Lourdes del Río a una enferma de cáncer.

Tienes dentro de ti todo lo que necesitas para superar este mal momento

Por Lourdes del Río

Amada:

Seguramente ahora mismo estás en *shock*. Ese "tienes cáncer" golpea durísimo. Solo deseo de corazón que esta carta te encuentre dispuesta a recibir apoyo, amor y esperanza.

Como sobreviviente de cáncer, entiendo y puedo empatizar con las emociones y los miedos que seguramente estás experimentando. Comienza por entender que eso es normal y permítete sentirlo.

La incertidumbre es profunda, dolorosa, a veces insostenible, pero poco a poco, si tomas la actitud correcta y decides vivir el proceso con fe y positividad, te darás cuenta de que tienes dentro de ti todo lo que necesitas para superar este mal momento. Sí, mal momento porque, aunque ahora se te hace eterno, pronto entenderás que en el contexto de tu vida este es solo eso: un mal momento.

Desde mi experiencia te digo que vas a encontrar, al igual que yo, una fuerza y una resiliencia que quizás no sabes que tienes. El camino que se extiende frente a ti puede parecer difícil y oscuro en este momento, pero nunca olvides que hay luz al final del túnel.

Habrá días en los que te sentirás abatida, física y emocionalmente. Habrá momentos en los que te preguntes si podrás superar esto y si tu vida volverá a ser la misma. Permíteme decirte que sí, hay esperanza. La medicina y la ciencia han avanzado mucho y las opciones de tratamiento son cada vez más efectivas.

No puedo prometerte que el camino será fácil, pero quiero que sepas que hay innumerables historias de personas que han vencido al cáncer y han encontrado una nueva forma de ver la vida. Yo soy una de esas personas.

Si te abres a recibir, la vida te sorprenderá. En mi caso, aparecieron tantos ángeles que un día le pregunté a Dios si el cielo se había quedado vacío. A pesar de que no tengo familia en la ciudad en la que vivo y de que tuve que enfrentar un divorcio iniciando este proceso, de la nada apareció un ejército de personas dispuestas a apoyarme y estuvieron a mi lado en cada paso del camino.

No tengas miedo de pedir ayuda cuando la necesites. El amor y el apoyo de los demás pueden marcar una gran diferencia en tu proceso de curación. Además, conéctate con grupos de apoyo y comunidades de personas que hayan pasado por experiencias similares. El compartir tus sentimientos, miedos y esperanzas con personas que realmente entienden puede ser increíblemente sanador.

A lo largo de mi propio proceso de lucha contra el cáncer, aprendí muchas lecciones valiosas. Descubrí la importancia de cuidar mi cuerpo y mi mente. Adopté un estilo de vida más saludable, centrándome en una alimentación equilibrada, en el ejercicio regular y la gestión del estrés. Además, encontré consuelo en prácticas como la meditación y la oración, que me ayudaron a encontrar paz interior y a mantener una mentalidad positiva. En general, mi espiritualidad creció y me propuse construir la mejor versión de mí. En eso sigo trabajando cada día.

Recuerda que cada historia de cáncer es única, y aunque puedo compartir mi experiencia contigo, también es importante que encuentres tu propio camino. Escucha a tu cuerpo, haz preguntas a tus médicos y participa activamente en tu propio cuidado.

Sé que hay momentos en los que todo parece oscuro y abrumador, pero quiero que sepas que también habrá momentos de alegría y esperanza. Celebra cada pequeño logro y aprende a apreciar las cosas simples de la vida. No permitas que el cáncer te robe la capacidad de encontrar felicidad en los momentos cotidianos.

Finalmente, quiero recordarte que eres más que tu diagnóstico. Eres una mujer valiente, fuerte y resiliente. No dejes que el cáncer defina quién eres. Tú eres mucho más que eso. Permítete sentir todas las emociones, pero también encuentra momentos de alegría y felicidad en tu vida diaria. No te rindas ante la enfermedad y nunca dejes de luchar.

Confía en ti misma y en tu proceso de curación. Estoy aquí para ti, para escucharte, apoyarte y ofrecerte mi experiencia siempre que lo necesites. Juntas podemos superar esto y te prometo que habrá días brillantes en el horizonte.

Con todo mi amor y apoyo incondicional,
Lourdes

¿Y cómo se logra ganarle la partida a la tristeza?

Convertir el dolor en poder es aprovechar la oportunidad para aprender y después poder enseñar. Es compartir tu aprendizaje para ayudar a otros. Cuando una mujer abusada se para frente a otra y le cuenta lo que pasó y cómo se liberó del abuso, está convirtiendo en poder su dolor. Cuando una madre que pierde un hijo crea una fundación para ayudar a niños sin recursos, está usando el dolor para poder servir. Ese es el poder que otorga el dolor y del que todos los que lo vivimos debemos beneficiarnos.

Una de las personas que lo ha hecho muy bien, y sin proponérselo, es María Alejandra Requena. Mariale es una de esas mujeres que cree uno al tenerla cerca que nada malo le puede pasar. Es bella por fuera y por dentro, es inteligente, dulce (aclaración: no la conocí cuando le decían "chupetica de ajo") bondadosa, alegre, valiente y versátil.

Su carrera comenzó en Venezuela trabajando en un programa de variedades. Al emigrar a Estados Unidos trabajó en CNN, y fue justo cuando estaba en Perú cubriendo para esa cadena la

Cumbre de las Américas que su esposo Ismael sufrió un derrame cerebral en Miami. Sus hijos adolescentes le avisaron durante la madrugada que su papá no respondía. Y cuenta Mariale en su libro *Elijo ser feliz* que esa madrugada comenzó a vivir el gran dolor de su vida al perder a su esposo, que murió días después.

Yo conocí a María Alejandra en Miami en un evento al que asistí junto a Dominique, mi hija. Ella fue tan amable con Dominique que se quedó en mi corazón. La empecé a seguir en redes sociales y viví su pesadilla a través de ellas. Hoy en día, que somos amigas, le cuento que para mí todo aquello que ella vivió fue como una novela. Verla tan joven, viuda, con dos hijos adolescentes, me partía el alma. Recuerdo que le escribí con todo mi corazón cuando murió su esposo, y tiempo después fui la más feliz cuando supe que se había vuelto a enamorar, esta vez de Luciano D'Alessandro, un querido actor venezolano muy famoso en Colombia.

Luciano fue el príncipe valiente que llegó a rescatar a Mariale, aunque después de leer *Elijo ser feliz* tengo que aclarar que ella se rescató solita y luego, cuando se prometió quererse más y le escribió una carta al Universo decretando cómo era ese hombre del que quería enamorarse, apareció Luciano.

La vida, que da tantas vueltas, me hizo parte de su libro *Elijo ser feliz* porque Mariale me pidió que lo presentara la noche de su lanzamiento en la librería Books & Books. Esa noche, comenzamos la presentación sin la hija de Mariale, que venía volando desde Nueva York cuando su avión fue desviado a Fort Myers por una tormenta. Recuerdo que un minuto antes de comenzar le dije a Mariale: "Tranquila, ella va a estar bien. Su papá la está cuidando".

Después de una hora de conversación quise dejar bien claro que luego de leer su libro me había quedado con la enorme determinación que tiene María Alejandra Requena para tomar decisiones y elegir los caminos que la lleven a la felicidad.

No me queda duda de que su gran voluntad es lo que ha logrado que ella vuelva a ser feliz. Y lo que hay que aprender de personas como Mariale es que, si tú estás viviendo una situación triste, tú y nadie más que tú eres el único o la única que puede ayudarte a aprender a vivir con ella recuperando tu vida y tu felicidad.

Y ahora vuelvo a tomarte de los hombros y a mirarte a los ojos. ¿Cómo puedes lograr tú eso que logró ella? Poco a poco. Decidiendo a diario que te vas a levantar de esa cama, que vas a aceptar esa invitación, que vas a hacer ese viaje, que vas a ir a pedir ayuda donde haga falta. Uno de los trucos que más disfruté de Mariale fue aprender que al quedar viuda ella cambió la contraseña de su computadora y escribió "Elijo ser feliz" porque eso le recordaba, cada vez que la encendía, que debía serlo. ¿Te animas tú a cambiar tu contraseña?

Chiquis: la chica que no se suponía que lo lograra... y lo logró

Una de las cosas que no me gusta que me recuerden es que tengo que ser fuerte. Y sé que, si tú has vivido un proceso difícil, sabes lo que te estoy diciendo. A veces, ese "tienes que ser fuerte" ejerce en uno el efecto contrario y te debilita y te dan ganas de ponerte a llorar.

Nunca me han gustado las frases de cajón porque ninguna indica cómo hacer lo que se te pide. "Tienes que ser fuerte" es una orden que todos nos quieren dar para aliviar nuestro dolor, pero nadie nos dice cómo serlo. Yo he tratado de averiguarlo. La fortaleza se adquiere cuando aprendes a vivir con el dolor. Y uno aprende a vivir con el dolor cuando lo acepta.

A mí me costó más de un año aceptar la enfermedad de mi mamá. Tuve muchos momentos de frustración y de rabia contra ella misma. Le grité que intentara moverse, pararse de la cama. Nunca sabré a ciencia cierta si el miedo le ganó o realmente no ha podido hacerlo. Lo que sí sé es que, en este momento, aunque me duele mucho, acepto su enfermedad y hago todo lo posible porque su vida sea feliz.

¿Cómo acepté la pérdida de mi bebé a los 4 meses de embarazo? Recuerdo que todos los mensajes eran de compasión. Hubo incluso quien me llegó a decir que cómo me pasaba esto a mí con lo difícil que había sido quedar embarazada la primera vez (me tardé casi 7 años). Lloré mucho y sentí mucha rabia y recuerdo que lo único que me hizo aceptarlo fue cuando mi papá me llamó y con voz fuerte y nada compasiva, me dijo: "Tal vez ese bebé iba a nacer enfermo. Dios no permitió que viviera así y prefirió llevárselo antes". Y desde ese día, lo acepté con paz.

Cuando piensas en todas las cosas por las que tienes que agradecer hay un cambio en tu vida. Es como si estuvieras en modo agradecimiento y vieras en cada cosa que te pasa la oportunidad de entender por qué Dios te la está mandado.

Hoy es un martes de esos que parece que Dios me estuviera mandando recordatorios de que todos en algún momento nos enfrentaremos con la dificultad. Solamente en esta tarde me llamó un amigo cuyo padre está muriendo en el hospital (y pidiendo que lo dejen morir), una amiga cuya hija adolescente está sufriendo de convulsiones y no encuentran el motivo, otra que su mamá en su país comienza a padecer de Alzheimer, una amiga que empezaba hoy su quimioterapia y no pudo porque se dañó una máquina y una lectora que me escribió por Instagram que a sus 40 años había sufrido un aborto espontáneo y se habían roto sus ilusiones de convertirse en mamá.

A todos les dije lo mismo: "Un día a la vez". Hay procesos que no pueden acelerarse. Hay que vivir el duelo, pero también hay que empaparse en los nuevos descubrimientos de la ciencia. Hay que buscar segundas y terceras opiniones médicas y, sobre todo, mantener siempre la fe de que todo puede mejorar. El dolor necesita que lo abracen con optimismo. Como dice mi colega María Alexia Sosa, mientras haya dolor se puede volver a comenzar porque significa que estás vivo. Y cuando te digo que el dolor se puede convertir en poder, es cuando tú puedes encontrar tu propia voz para poder expresarlo y ayudar a otros.

En mis comienzos profesionales me asombraba que tanta gente con el alma adolorida se parara frente a una cámara de televisión a describir sus problemas. En eso consistía el éxito de los llamados *talk shows*. Cristina Saralegui me enseñó que la gente se atreve a compartir su dolor para que lo que les pasó no les ocurra a otros o para que otros sepan cómo ellos han logrado aliviarlo.

Una de esas personas que siempre me inspiran es Chiquis, la hija de Jenni Rivera. A pesar de que su padre está preso por abuso sexual a ella, a su tía y a su hermana, de que su madre murió en aquel accidente aéreo cuando estaba enojada con ella, y de que ella, además de ser víctima del abuso sexual de su padre, ha sufrido *bullying*, Chiquis es una de las personas más dulces y alegres que he conocido. Como ella misma dice, ella era la chica que no se suponía que lograra nada y lo pudo lograr todo.

Y ella le atribuye esa manera de ser que tiene hoy a que se liberó de sus dolores contándoselos al mundo entero en sus libros. Perdonar y sacar el rencor que llevamos dentro hace que el dolor disminuya. Aprendí de Chiquis que, si nos quedamos con todo el dolor por dentro, ese dolor puede convertirse en veneno. Ella ha confesado que era tanto su dolor que pensó en quitarse la vida, pero que gracias a la terapia no lo hizo.

Escribir, según Chiquis, se ha convertido en su mejor terapia. Esto se lo dijo a Jorge Ramos cuando le abrió las puertas de su casa y de su corazón para el programa *Algo personal*: "Escribir esos libros me ha ayudado a perdonar a muchas personas y a perdonarme a mí misma, a contarlo, cerrar esa página y decir ¡zas! Yo creo que cuando uno no cuenta ciertas cosas, eso se vuelve un veneno en el cuerpo".

Y en eso nos parecemos. También pienso que escribir ayuda a sacar todos esos dolores y miedos que llevamos dentro. Para mí escribir significa alivio, curación… Cuando escribo siento que hago compromisos con mi mente y con mi alma. He escrito tanto sobre el miedo, he investigado tanto, que cada vez que escribo sobre el valor siento que me comprometo a ser más valiente.

Chiquis convirtió su dolor en poder y hoy su éxito como cantante y empresaria hace que otras chicas piensen que también van a poder lograrlo. Para que tú conviertas el dolor en poder debes:

1. Encontrar tu propia voz. ¿Qué vas a decir y por qué?
2. Atreverte a ser parte de un grupo de apoyo. Aprenderás la manera en que otros han aliviado su dolor.
3. Desacomodarte. Eso que te saca de tu zona de confort puede ser eso que te ayude a ser más resiliente.

Se fue una mamá y llegó un hijo

Si leíste *Tu momento estelar* conociste la historia de la gran productora del programa *Hoy*, Magda Rodríguez Doria. Si leíste *El arte de no quedarte con las ganas* notaste que el libro estaba dedicado a ella, que no pudo leerlo porque en plena pandemia se la llevó el COVID.

Magda, además de mi gran amiga era mi colega, una excelente productora de televisión y la mejor mamá del mundo. Su relación con su única hija Andy siempre me inspiró porque, además de que trabajaban juntas, eran grandes compinches, viajaban juntas y siempre, siempre, disfrutaban la una de la otra. Ahora que repaso todos nuestros mensajes de WhatsApp veo que le dije muchas veces que me inspiraba tanto como mamá... Andy, al revés de muchos hijos de exitosos, nunca le importó estar a la sombra de su mamá; al contrario, sabía que tenía de jefe a la mejor productora de México.

Aún me parece mentira que ya no esté porque Magda era lo más parecido a la vida. Y lo que más me dolía cuando se fue Magda era pensar en cómo Andy iba a vivir sin ella. La última vez que vi a Magda fue precisamente junto a Andy, en México. Fuimos a almorzar y hablamos, como siempre, delicioso.

Recuerdo que cuando la entrevisté para *Charlas con Luz*, en Instagram, ella me contó que sentía la presencia de su madre gracias a una terapia de ángeles y ayuda de cábala a la que se sometió para poder entender el proceso que estaba viviendo. "Tomé una meditación y la vi en el jardín. Me abrazó como siempre ella lo hacía y fue chistoso porque cuando tomé esta terapia yo no tenía olfato, porque tenía COVID, y justo en esa meditación me regresó el olfato y la olí a ella. Desde ese día la tengo aquí cerquita de mí".

Después de la muerte de Magda, Andy ha sido un ejemplo de fortaleza. Con todo y su dolor a cuestas, ha seguido conduciendo el programa *Hoy* (que al morir Magda pasó a ser producido por su hermana Andrea Rodríguez), se enamoró, quedó embarazada y tuvo a su bebé.

He visto florecer a Andrea en medio del dolor, y siempre que lo pienso le hago un guiño a Magda en el cielo, porque yo sé que desde allá ella sigue produciendo. Por eso le pedí a Andy que fuera parte de este libro y le escribiera una carta a una huérfana.

Carta a una huérfana

Por Andy Escalona

Mi querida amiga:

Lamento lo que estás pasando. Yo también estuve ahí..., confundida, en *shock*, viendo cómo la vida se va en un suspiro. De saber que esa era la última vez que la veía, el último abrazo que le daría, el último beso..., lo hubiera guardado cual memoria fotográfica.

Creemos que somos inmortales, que no nos va a pasar nada, pero en esos momentos nos damos cuenta de lo frágiles que somos. Eso nos enseñó la pandemia..., la muerte nos llega a todos.

¿En México tendemos a burlarnos de la muerte? Es mentira, le tenemos pavor, no nos han enseñado a lidiar con ello. Desde chicos nos deberían de dar clases de tanatología, se debería hablar más de los duelos, los ciclos y de las pérdidas.

Nos deberían de enseñar a perder, a fracasar. He aprendido más de los "fracasos" que de los éxitos, aunque la muerte no es un fracaso. En la ausencia, aprendes a valorar, a no llorar porque se fue, sino a agradecer porque existió y fue tu mamá, fue la mejor. Después te darás cuenta de que sigue estando y existiendo de otra manera, y siempre seguirá.

La materia no se crea ni se destruye, solo se transforma, y la muerte transforma la vida, le da sentido, sobre todo a los que nos quedamos.

Cómo me hacía reír. Era la mujer más simpática, inteligente y simple. Ágil de mente, se aburría rápido, aunque nunca se aburría de lo nuestro ni de las comidas, viajes, vinos, sus programas o de mí.

Nunca me había tocado ver a un muerto y me estrené con el amor de mi vida, viéndola postrada en una cama, sin saber cuál fue su última respiración, a quién le dedicó su último pensamiento y qué fue lo que pasó. En esos momentos, aún en *shock*, te cuestionas todo. Pasé del "¿pude haberla salvado?"; "¿por qué no lo vi?" y "¿cómo no pude evitarlo?" al "me voy a drogar", "me voy a vivir a Cancún" y a ser de ese tipo de gente que fuma mota (nunca he fumado y en mi sano juicio no me iría a vivir a Cancún) para no sentir nada, solo subsistir, que en esos momentos sobrevivir ya es ganancia.

De su funeral, la verdad, no recuerdo nada. Todo era como un sueño. Días después regrese a trabajar y eso ayudó. Ayudó estar ocupada, regresar a hacer un poco yo, pero sin ella. Aunque ella era el 80 % de mí, tenía que reconstruirme sin saber por dónde empezar.

¿Has tenido esa sensación de despertar de una pesadilla, de decir "pellízcame" para saber si estás soñando? Yo me pellizqué varias veces y no, no estaba soñando.

El duelo es algo muy personal que hay que vivirlo y no puedes saltártelo. No es como la receta de un pastel: harina, sal y huevos. Aquí no hay ninguna receta que seguir.

Por ejemplo, yo iba dos veces por semana con un chino que me paraba una chinga*. Me ponía agujas, acupuntura, me daba duro con ventosas; me dolía y tenía que regresar a través del dolor. Regresé de ese limbo a través del dolor físico de las terapias.

Pero sí, creo que en la vida hay varios procesos o duelos que vivimos: la pérdida del trabajo, de una relación amorosa o la de un ser querido. Queda escuchar a nuestra alma, conocernos, reconocernos, ser nosotros nuestra mejor amiga o amigo y darnos mucho amor.

A muchos, la pandemia nos dejó dolor. Hoy me considero una mujer diferente, pongo en perspectiva las cosas que valen la pena. Cuando vives estos acontecimientos te das cuenta de lo que importa y de lo que realmente vale la pena: tu madre, tu hijo, tu familia, la salud, los viajes, la comida. De esas cosas nunca te arrepentirás cuando la muerte toque a tu puerta, porque a todos nos va a tocar.

Así que goza, vive, que la muerte te agarre como a mi mamá, completamente vivo o viva, estate presente, dedica tiempo a lo importante. Siempre pensamos en que lo son las primeras veces, pero también son importantes las últimas veces.

Han pasado tres años y sigo añorando todos los días con ella. La sigo llorando, soñando, no deja de doler. Duele diferente, pero uno sale adelante. Le dedico todos los días de mi vida, al estilo homenaje, porque ella me enseñó que la vida es

---

* En México, fuerte maltrato que recibe alguien.

maravillosa. Después de esta pérdida la vida me dio una hermosa familia, un precioso bebé, que sé que ella mandó desde el cielo. Nunca me di cuenta de lo que mi mamá sentía por mí hasta ahora. Si hoy la tuviera en frente le diría: "Te amo, te extraño todos los días, te dedico todo, lo siento, gracias, perdóname, te amo".

Sé lo que estás pasando, te abrazo, te deseo que lo afrontes con amor porque en las envolturas más dolorosas también hay regalos. Sin la oscuridad no aparecería la luz, y aunque a nadie le deseo que pase por esos momentos, sí te digo que no sean en vano y que aprendas la mejor enseñanza de ello. Vive ahora, vive hoy.

Con amor,
Andrea

La gran lección que Dios nos mandó con Tanya Charry

Desde que Tanya Charry llegó a mi vida supe que estaba al frente de una gran reportera. Para Tanya nada parecía imposible. Recuerdo que siempre que entraba a mi oficina de *Escándalo TV* me traía algo de comer y, acto seguido, me contaba sus planes. "Galilea Montijo llega a Miami y tiene nuevo amor. Me voy y no regreso hasta que los entreviste". Dos días después, teníamos la exclusiva gracias a Tanya.

Cuando la conocí estaba cumpliendo su sueño de casarse por primera vez. Recuerdo que viajó a Barranquilla repleta de ilusiones y vivió su boda como la de una princesa, así como la soñaba. A los pocos meses entró a mi oficina, y con la misma fuerza con que me explicaba sus exclusivas esta vez me explicó que se iba a Barranquilla... a divorciarse.

La nueva Tanya soltera se dedicó al trabajo y tuvo amores que no valían la pena. El tiempo pasó, ella se fue a trabajar a *El Gordo y la Flaca* y un día entró otra vez a mi oficina a contarme su mejor exclusiva. Estaba locamente enamorada de Sebastián y se iban a casar.

Sebas era viudo y tenía una hijita a la que Tanya, que ama a los niños y su sueño siempre ha sido ser mamá, acogió desde el principio como si fuera su hija. Recuerdo que la boda se realizó en plena pandemia y allí nos fuimos todos con máscaras a ser testigos de la culminación de esa historia de amor. Todos sus amigos comentábamos como Dios le tenía guardado a Tanya su príncipe azul con princesita incluida.

Paralelo a su historia de amor, Tanya estaba viviendo el dolor de ver a su mamá alejarse de la realidad por culpa del maldito Alzheimer. Tanya, quien quedó huérfana de papá desde niña, es una de las mejores hijas que he conocido. Verla tan feliz con Sebas nos daba a todos la alegría doble de que ella pudiera tenerlo en sus momentos más difíciles. Y aquí es cuando viene la gran lección de vida que nos dio Tanya a todos.

Al verla tan feliz con Sebas y su hija Zoe, todos pensamos que ese era el gran regalo que Dios le tenía guardado. Y que los planes de Dios eran tan perfectos que hasta le había mandado a

Sebas con todo e hija para convertirla en esposa y mamá al mismo tiempo. Pero Dios nos mandó a decir a todos a través de Tanya que a sus planes no les podemos poner nunca un techo. Cuando menos lo esperábamos, Tanya nos sorprendió a todos con un embarazo hermoso y hoy es la feliz mamá de Bruno.

Justo hoy que escribo esto, veo la foto de Bruno en brazos de su abuela Alicia, allá en Barranquilla, y compruebo que el Alzheimer nunca podrá acabar con la memoria del corazón. La sonrisa en el rostro de la mamá de Tanya al conocer a ese muñeco es la mejor prueba de eso.

Si estás pasando por un momento difícil en el que parece que nada va a cambiar, si el amor solo te causa dolor, acuérdate de la historia de Tanya que nos enseñó a todos que los planes de Dios siempre serán mejores que los nuestros.

Una de las cosas que admiro profundamente de Tanya es su fe. Gracias a ella asistí por primera vez a un retiro de Emaús. Y le agradezco que cada vez que hablamos de su mamá o de la mía, ella me recuerde con una gran paz que hay que agradecer que aún las tenemos con nosotros y que lo único que nos debe importar es hacerlas cada día más felices.

GUÁRDALO
en tu alma

La incertidumbre es profunda, dolorosa, a veces insostenible, pero poco a poco, si tomas la actitud correcta y te decides a vivir el proceso con fe y en positivo, te darás cuenta de que tienes dentro de ti todo lo que necesitas para superar este mal momento.

———————

Le dedico todos los días de mi vida, al estilo homenaje, porque ella me enseñó que la vida es maravillosa. Después de esta pérdida, la vida me dio una hermosa familia, un precioso bebé, que sé que ella mandó desde el cielo. Nunca me di cuenta de lo que mi mamá sentía por mí hasta ahora.

———————

La materia no se crea ni se destruye, solo se transforma, y la muerte transforma la vida, le da sentido, sobre todo a los que nos quedamos.

———————

Mientras haya dolor se puede volver a comenzar porque significa que estás vivo o viva.

———————

Los planes de Dios siempre serán mejores que los nuestros.

———————

CAPÍTULO 13

¿Cómo alivian sus penas los que ayudan a sanarlas?

Por mi profesión de productora de televisión, periodista y escritora, tengo la fortuna de conocer de cerca a muchos expertos en el arte de vivir. Yo los llamo así porque son personas que viven estudiando la manera de ayudar a otros a ser mejores personas, a saber manejar las crisis que tienen en sus vidas y a salir de sus problemas por la puerta grande. Y cuando los tienes a todos ellos cerquita, te das cuenta de que son absolutamente congruentes con lo que predican.

Hace unos días estaba almorzando con mi buen amigo Ismael Cala y me estaba contando el consejo que le dio a alguien muy querido que estaba sufriendo: "Le dije que ya estaba bueno de llorar", me dijo. "Yo también he tenido momentos en que me he quebrado y lloro, pero hay que secarse las lágrimas y seguir adelante. Llorar no resuelve nada". Ese consejo se me quedó grabado en el alma.

Otro de esos personajes que tengo el privilegio de tener en mi WhatsApp es a Papá Jaime, un colombiano que admiro muchísimo por su enorme entrega a los niños menos favorecidos o *gamines*, como les llaman en Colombia. Precisamente Jaime Jaramillo pasó a ser conocido como Papá Jaime gracias a la fundación Niños de los Andes, que ayuda a los niños desprotegidos de Colombia.

Esa idea nació en su corazón en la Navidad de 1973, cuando de un carro se cayó la caja de una muñeca y una niña corrió a agarrarla. Papá Jaime, que venía caminando por la calle, se encontró con los ojos felices de la niña que le mostraba la caja de la muñeca alzando sus brazos en señal de triunfo. Ni la niña ni Papá Jaime se dieron cuenta de que venía un carro que no pudo frenar y la mató.

Papá Jaime lo pudo ver todo. Cuando él vio que la caja de la muñeca estaba vacía nació en su corazón la idea de hacer algo por los niños necesitados. Ese mismo día se puso un disfraz de Papá Noel y salió a repartir regalos a los niños de la calle. Poco a poco fue creciendo su necesidad de ayudar y fue consiguiendo casas para albergar a esos niños.

Yo tuve la fortuna de conocerlo un día que vino de invitado a *Despierta América*. A los minutos sentía que lo conocía de toda la vida. Nos hicimos amigos y hoy él, que es un gran conferencista, autor y sigue con ese corazón grandote ayudando a los niños de la calle, es una de esas personas que necesitaba estar en este libro. Él conoce el sufrimiento de cerca y por eso me daba mucha curiosidad saber cómo lo maneja él, que es un experto.

¿Cómo puedes conseguir la paz y la felicidad en medio del dolor?

La resistencia que tú tienes a aceptar la realidad es la que te genera ese dolor, es la que te hace sufrir. Cuando aceptas, entiendes y reconoces que tienes que soltar, liberar, se te abre un mundo de infinitas posibilidades

La felicidad es simplemente tu elección. Cuando tengas que tomar una decisión, siempre digo: inhala profundamente, lleva tus manos al corazón y pregúntate si la decisión te da paz interior. Si te brinda tranquilidad, tómala.

¿Cuál ha sido el dolor más grande de tu vida y que te ayudó a aliviarlo?

El dolor más fuerte que he tenido en mi vida fue cuando los escuadrones de la muerte, que tenían la creencia absurda de que la mejor forma de rehabilitar a un niño de la calle era matándolo o quemándolo vivo, levantaron la tapa de la alcantarilla de la 85 y quemaron a una gran cantidad de niños. Fue muy duro y sentí un dolor muy grande cuando acepté y comprendí que con el resentimiento, la rabia y el dolor me iba a enfermar y no podía hacer nada. El pasado está pisado. Lo borras porque aprendemos con creces y evolucionas, pero hay que soltarlo.

¿Crees que existe la mala suerte?

La vida es oportunidad. Tú tienes la oportunidad de hacer, de crear un mundo de infinitas posibilidades donde la suerte estará a un lado, y siempre tienes que estar buscando y saltando para cuando te pase por debajo estés cayendo y la atrapes y la mantengas a tu lado. La mala suerte es el resultado de la no acción, de la procrastinación, de aplazar, de no tener compromiso con lo que quieres lograr. La mala suerte es la ausencia de sueños.

¿Qué haces tú para mantener esa paz y regalar siempre tanta alegría?

Tengo algo que yo llamo una práctica espiritual: no le des a nada ni a nadie el poder de perturbarte, de estresarte, de angustiarte. Si te perturbas es porque estás reaccionando desde el ego, y en el ego siempre vas a sufrir. Si te conectas con tu espíritu, con la divinidad que habita en ti, con ese Dios, entonces entiendes que la espiritualidad es la no perturbación. Cuando estás bien dentro de ti, quieres dar lo mejor a los demás.

La psicóloga venezolana Cristina Sorgi es de esas personas reales que te regalan paz de solo hablar con ellas. Si pudiera definirla con una sola palabra sería *sanadora*. Estoy segura de que esa es la misión más grande que la trajo a este mundo. La pena más grande de su vida ha sido la muerte de su mamá y así me lo contó:

"La muerte de mi mamá fue el momento más doloroso que he experimentado porque, además, ocurrió de una forma inesperada.

Yo era más joven y en aquel momento recuerdo que solté una parte de la tristeza y también otra parte de las emociones. Las evadí y me distraje ocupando mi mente con los trámites que uno tiene que hacer cuando alguien fallece. Claramente, el reto más grande cuando alguien fallece es soltar el apego a esa persona. Estoy segura de que muchas emociones de rabia y tristeza las reprimí en aquel momento de forma inconsciente y con el tiempo las he ido liberando. Sobre todo, cada vez que alguien ha fallecido en mi entorno he revivido ese recuerdo y he podido continuar liberando esas emociones.

"Otra herramienta de la conciencia que me doy cuenta de haber usado fue poder aceptar y entender que todo es perfecto tal y como es, aunque yo no entienda para qué ocurrió en ese momento. La aceptación nos ayuda a fluir con los eventos y a enfocarnos en buscar el aprendizaje de cada situación, y nos coloca en un estado emocional de serenidad. Y, por supuesto, agradecer por los momentos vividos con esa persona y lo que nos enseñó de nosotros mismos es una forma también de conectar nuevamente con emociones como el amor, la alegría y la paz. Al final, uno aprende a vivir sin la presencia física de alguien y es un proceso aceptar que la muerte es parte de nuestra experiencia humana y nos regala el proceso de desapego con amor".

¿Cómo se consigue la felicidad cuando no tienes nada que celebrar y estás pasando por un mal momento?

Para volver a conectar con la sensación de alegría y felicidad, tenemos que primero hacer una pausa para identificar y soltar los pensamientos y emociones que nos están afectando en ese momento. Las situaciones que vivimos son oportunidades en las que podemos observarnos e identificar qué pensamientos, creencias y emociones asociadas hemos sostenido y acumulado en el tiempo, porque claramente ya están listos para ser sentidos y liberados. La esencia verdadera de nuestro ser es amor, dicha y paz. Sin embargo, nuestro personaje del ego, nuestro falso ser es quien reprime, suprime y evade sentir esas emociones porque las califica de malas y también nuestro ego es quien interpreta el evento que nos ocurre y lo llama *crisis*.

Esta interpretación subjetiva de nuestra mente ocurre porque siempre estamos viendo lo que nos sucede en el presente a través de recuerdos del pasado, muchas veces de forma inconsciente. ¿Y para qué ocurren estos eventos que llamamos *crisis*? Para que podamos regresar a esos recuerdos, resignificarlos y soltar esas creencias y emociones pasadas que aún están acumuladas en nosotros. Así que, al final, el camino más directo para la felicidad es ir sintiendo y soltando las emociones que se han acumulado en el tiempo.

Dame 5 consejos para ser optimista

1. Todos los días podemos levantarnos y dar gracias por la vida, celebrar un nuevo día y el tiempo que nos regala Dios para amar y ser amados.
2. Decidir ser valientes y sentir las emociones que surgen, sin reprimirlas, eso nos permite vibrar más alto y conectar con pensamientos optimistas.

3. Enfocarnos en el servicio, recordando que dar es lo mismo que recibir, y cuando damos amor y hacemos todo con amor eso es lo que atraemos a nuestra vida.

4. Conectar con la voz de nuestra intuición y permitirnos hacer aquello que nos da paz.

5. Decidir estar presentes en el aquí y ahora, haciendo lo que hacemos cuando lo hacemos, agradeciendo cada momento y disfrutando en plenitud. Cuando estamos presentes, la información llega a nuestro corazón y nos sentimos guiados por la inteligencia superior y eso siempre nos llena de optimismo.

Cuando la fórmula se hace viral

Uno de los descubrimientos maravillosos que hice durante el proceso de escribir este libro se llama Lorena Pronsky y es una psicóloga y escritora argentina que se hizo viral en un Día Internacional de la Mujer cuando este texto escrito por ella, y que cuenta cómo se debe curar una mujer que está rota, cruzó las redes sociales del mundo entero.

"Uno tiene que curarse primero. Te andan obligando a disfrutar el momento, a soltar lo que te hace mal, a dejarte fluir con las circunstancias y a entregarle todo al Universo para que suceda lo que convenga. Uno primero tiene que curarse. Dejen de mentirle a la gente rota, que todos sabemos que a nadie deja de sangrarle la herida por poner las patas en el agua y acariciar al perro mientras se les agradece la existencia a las tostadas que comemos todas las mañanas. La gente pide magia para que no duela y entonces se lo cree, y después los ves por ahí sintiendo culpa por no tener los huevos necesarios para salir a bailar y reírse a carcajadas mientras acaba de enterrar en el medio del pecho al amor de su vida. Termínenla. La gente rota guarda pedazos de vida que necesita sanar".

Admiro profundamente la sinceridad de Lorena y la claridad con la que escribe. Si a eso se le agrega que es psicóloga, el resultado no puede ser mejor.

"Me da mucha pena ver en medios masivos la indicación a apelar a la fuerza de voluntad personal para colaborar en el proceso de recuperación de un duelo, de una depresión, de un trastorno de ansiedad, de estrés laboral, de lo que sea, cuando en todos estos casos lo que enferma justamente es la voluntad. En estos casos, pedirle al paciente que ponga lo que le falta es hostigamiento psicológico. Si tuviera que contar qué cosas me rescataron en los momentos más oscuros de mi vida no tengo que pensarlo demasiado: mis amigos, mi familia, la ternura de mis hijos, la música que me calma, medicación, llorar y darle tiempo a mi dolor".

Lorena es autora de libros como *Rota se camina igual*, *Cúrame*, *Despierta*, y leerla hace que a uno se le quite un peso de encima y que encuentre paz. La calidad y claridad con las que escribe hacen que uno sienta apoyo y compañía. Ella se atreve a decir lo que todos parecen querer callar. Gracias, Lorena, por atreverte. Te lo dije en privado y ahora lo escribo aquí. Tú me ayudaste a que la carga fuera más ligera.

¿Qué tenemos que aprender de los estoicos?

Siempre que escucho la palabra *estoico* entiendo que es algo fuerte, que no se quiebra, que mantiene la calma, pero cuando los motivadores me piden que lo sea no entiendo cómo se logra vivir así. Por eso decidí averiguarlo.

Esta filosofía de vida nació en Grecia hace más de 2,000 años y el primero en predicarla fue Zenón de Citio, quien reunía a sus seguidores en un pórtico, en griego llamado *stoa* (de ahí se deriva la palabra *estoico*), y sus fundamentos se podrían resumir así:

1. La virtud es el bien supremo y elementos externos como el dinero, el éxito o el placer no deben confundirse con lo que es realmente importante.
2. Debemos permanecer en calma y solo eso nos lleva a la paz. Nada debe perturbarnos.
3. Debemos renunciar al miedo, la ambición y el deseo. Hay que aceptar las cosas como se presenten.
4. Todo lo que nos sucede es por causa de algo. Las casualidades y la suerte no existen.

Según el estoicismo, lo que nos perjudica no es lo que nos pasa, sino la manera en que reaccionamos a eso. Para ellos, lo más importante es la razón. Para Séneca, uno de los grandes estoicos de la historia, lo ideal era conseguir la ataraxia, que significa un estado de ánimo sin temores ni deseos y lleno de tranquilidad. Según los estoicos, la ataraxia es la vía para llegar a la felicidad. Pero ¿cómo se consigue? La fórmula se explica fácilmente:

1. Dejando de juzgar, envidiar y estresarnos disminuyendo la intensidad de nuestras pasiones.
2. Viviendo todas nuestras emociones con tranquilidad. Para conseguir esa calma tienes que conocerte mejor y descubrir qué te la brinda.

Los estoicos también aseguran que debemos entender que hay cosas que no podemos controlar y hay que aceptarlo. Y algo que siempre debemos recordar: no se debe sufrir por lo que no ha sucedido.

GUÁRDALO
en tu alma

Cuando aceptas, entiendes y reconoces que
tienes que soltar, liberar, se te abre un mundo de
infinitas posibilidades.

La felicidad es simplemente tu elección.

Si tuviera que contar qué cosas me rescataron en
los momentos más oscuros de mi vida no tengo que
pensarlo demasiado: mis amigos, mi familia, la ternura
de mis hijos, la música que me calma, medicación,
llorar y darle tiempo a mi dolor.

No le des a nada ni a nadie el poder de perturbarte,
de estresarte, de angustiarte.

La mala suerte es el resultado de la no acción, de la
procrastinación, de aplazar, de no tener compromiso
con lo que quieres lograr. La mala suerte es la ausencia
de sueños.

No se debe sufrir por lo que no ha sucedido.

⚖️

CAPÍTULO 14

Aquella niña que se creció ante el dolor de la injusticia

"Nunca se cansa quien por todo ha tenido que luchar". Con ese dicho creció allá en su tierra, en el Chocó en Colombia, Ilia Calderón, la conductora del Noticiero Univision, y se le fue convirtiendo en su gran filosofía de vida. Por eso, siempre se ha atrevido a tomar decisiones rápidas. Y es que Ilia siempre fue rebelde. Y hoy Betty, su mamá, me cuenta que Ilia siempre ha sido de esas rebeldes que no se conforman con nada y todo lo cuestionan.

"A las rebeldes hay que dejarlas volar, pero siempre tienes que estar ahí presente", dice Betty llena de orgullo al ver convertida a su hija en lo que ella siempre soñó. Pero el camino no fue del todo fácil. Desde niña, Ilia Calderón vivió el dolor de la discriminación. Aún recuerda perfectamente cuando escuchó a alguien decirle: "Negro ni mi caballo porque al amanecer se pierde".

Tal vez, desde ese momento, Ilia Calderón se propuso ser valiente y luchar por lograr el triunfo demostrando que su color de piel no iba a ser una barrera. En Colombia fue la primera afroamericana en conducir un noticiero de televisión. Hoy, a pesar de ser la conductora del noticiero número uno en español en Estados Unidos, no está conforme con que no haya muchas más Ilias triunfando frente a las cámaras.

"Toda la vida han tratado de blanquear la historia. En los libros de preescolar las imágenes de la familia siempre son blancas. Los negros siempre son los esclavos o las personas del servicio", me dijo Ilia cuando la entrevisté en *Charlas con Luz* por el lanzamiento de su libro *Es mi turno*, en el que cuenta toda su vida. En ese libro también está la historia de Anna, su única hija, a quien unas amiguitas llamaron "cara negra" en el colegio, y la niña, en vez de enojarse, le dijo a su mamá que la dejara seguir jugando con ellas. "Yo las puedo volver buenas", le dijo a su mamá y les dio a todos una gran lección. Sus papás le hicieron caso. "No hemos dejado de ver a esas niñas", me cuenta Ilia. "No le infundo rencor desde chiquita. Nadie nace racista, todas esas frases que decimos son porque se las oímos a los mayores".

Es difícil entender el dolor de una minoría cuando no perteneces a ella. Cuando escucho hablar a Ilia siempre crece mi admiración por ella porque reconozco en sus palabras el dolor que ha sufrido al ser discriminada por el color de su piel, pero a la vez aplaudo de pie sus triunfos que como colombiana y mujer me llenan de orgullo.

Le pedí que le escribiera una carta a aquella Ilia de 10 años que sufrió por primera vez la discriminación y que le contara cómo había aliviado su dolor.

Para la pequeña Ilia
De Ilia Calderón

Te escribo esta carta el 20 de julio de 2023, el día en que se conoce que la Junta Educativa del estado de la Florida tiene nuevos estándares de educación que tratan de cambiar la historia. Sugieren que las personas esclavizadas se beneficiaron de los oficios que fueron forzadas a realizar porque aprendieron y desarrollaron habilidades que luego pudieron aplicar en sus vidas.

Estos intentos de cambiar la historia son peligrosos. Son un insulto a quienes fueron esclavizados, a todos los que llevamos su sangre, y un engaño a los estudiantes. La realidad que quieren ocultar es que las personas esclavizadas fueron secuestradas de África y traídas a América, forzadas a trabajar, deshumanizadas, que les fueron arrebatados todos sus derechos, que las mujeres fueron violadas. La realidad es que se les negó, prohibió y castigó todo intento de alfabetizarse. No podían aprender a leer y escribir, que era el paso más pequeño que podría abrirles grandes y distintos caminos. Siglos después la brecha que se abrió con la supresión de ese derecho sigue siendo profunda.

Cómo te explico que la historia que te hace orgullosamente negra quiere ser borrada. Cómo te explico que en este mismo año (2023) varios libros que hablan del racismo y de las desigualdades han sido retirados de las escuelas. Cómo te explico que Estados Unidos –país al que emigras pensando que todo será diferente después de lo luchado y logrado por los líderes del movimiento por los derechos civiles de finales de los sesenta– sigue siendo un país racista en el que muchos voltean la cara ante un problema que creen que no les afecta. Cómo te explico que la mancha del racismo sigue ahí y es resistente al más efectivo de los blanqueadores. Cómo te explico que, aunque se eligió por primera vez a un presidente negro y que una mujer con raíces negras e indias ocupa la silla de la vicepresidencia, poco ha cambiado en Estados Unidos. Que después del asesinato de George Floyd y del movimiento social que le sucedió en el verano de 2020 y que mostró al mundo una realidad que se seguía negando, todavía ocurrirían casos como el del joven que tocó el timbre en la casa equivocada y lo recibieron a tiros. Cómo te explico que en tu amada Colombia, que también ha elegido por primera vez a una vicepresidenta negra, siguen existiendo personas que expresan su desagrado al proyecto político que ella representa mediante ataques racistas y deshumanizantes.

En medio de todas las canciones de salsa que vas a escuchar y a bailar, hay una del grupo Niche a la que debes prestar atención porque te va a hablar de algo doloroso, pero real. El gran compositor y músico chocoano Jairo Valera no lo pudo explicar más claro. Hace décadas se lo gritó a Colombia y al mundo a través de los hermosos versos de sus canciones: "Blanco corriendo, atleta; negro corriendo, ratero". Así describió la percepción de una raza por parte de la otra.

Han pasado más de 40 años desde que una adolescente en tu colegio te hizo sentir que existía el desprecio por las personas de tu raza. Soportar en silencio fue tu mejor escape a un episodio doloroso. Hoy te diría que ese momento en el que fuiste vulnerable fue el pilar sobre el que más adelante la vida se encargó de construir la fortaleza necesaria para que encontraras tu voz y la levantaras, porque nunca, nunca, debes aceptar y normalizar lo que no está bien. No hay una sola manera de oponerte y de rebelarte. Para unos es la calle, la protesta, para otros es la música o las conversaciones en grupos pequeños donde explican una realidad que al resto no le han enseñado a ver. Todas estas maneras son válidas. El camino que te espera no es fácil y va a estar lleno de dificultades, pero lo vas a caminar con la determinación de ser la hija de una mamá para la que nada es imposible. Una mamá que te enseñó a sacudirte todo el polvo que muchos van a rociar sobre ti, sin que le caiga a nadie más.

Tu vida va a estar llena de retos, como las vidas de todos. Lo que va a marcar la diferencia es la manera cómo enfrentaras esos obstáculos, con dignidad y honestidad, pero con el corazón y una pasión desenfrenada por aprovechar cada oportunidad por la que luchas.

Muchos creerán que levantar la voz y reclamar derechos es victimizarse. Pero también verás lo equivocados que están y entenderás que es su manera de resistirse a reconocer que algo en la sociedad no ha estado y no está bien, pero que no les interesa cambiar.

A tu corta edad no puedes imaginar adónde llegarás ni que tu vida puede inspirar a otros. Me gustaría abrazarte fuerte y que mi cuerpo te blindara contra todo lo malo que hay ahí afuera, contra quienes van a pensar que no eres suficiente, contra los jefes que dudarán de ti, contra los amigos que te traicionarán, contra lo que leerás, verás y escucharás que te causará dolor, contra lo que vivirás que dejará profundas heridas en tu corazón. Pero no, ese no es el camino.

Cada caída, cada palabra hiriente, cada traición, cada instante de debilidad, cada lágrima, cada injusticia, cada momento de desilusión y desesperanza, cada minuto en que tengas que desarrugar el corazón van a ser la base de una mujer real que se va a sentir imparable, pero no invencible; aguerrida, pero llorona; tímida, pero con una voz poderosa; con miedos, pero con bríos y determinación. Porque, como lo soñaste, vas a ser mamá. Tendrás una niña y el mundo de afuera la va a amar, pero también le va a mostrar la realidad que ella tendrá que enfrentar. Y ahí van a estar siempre tus brazos, no para blindarla, sino para rodearla y darle calor, y estará tu regazo en el que siempre va a poder acurrucarse como lo hizo en sus primeras 38 semanas de existencia.

La vida es la vida. Todos enfrentamos momentos difíciles y momentos maravillosos. Todos son valiosos, todos son importantes, y deberás valorarlos por igual. Los retos no te van a llegar solo porque tú eres tú. Te van a llegar porque en ellos hay algo que deberás aprender si quieres ser mejor.

Me despido recordándote que siempre hay que mirar al futuro con esperanza y con la firmeza y el compromiso de hacer algo para cambiar lo que está mal. Nunca olvides la frase que siempre repite tu mamá: "Las dificultades son del tamaño que quieres verlas". Tú escoges si son más grandes o más pequeñas que tú. Pero tú escoges, siempre.

Ilia Calderón

¡Cabecita arriba! Así alivia el humor el dolor

Las redes sociales me han regalado a mucha gente que quiero. Siempre he dicho que en las mías está prohibido el *bullying* y que no tienen cabida los *haters*. De hecho, una de mis columnas en el diario *La Opinión* fue precisamente una carta a un *hater*.

Hoy te escribo a ti que pones comentarios odiosos en las redes. A ti que nunca encuentras nada bueno que decir y te burlas sin piedad, juzgas sin pensar en el daño que puedes causar y saltas de *post* en *post* dejando como única huella un nombre falso y una opinión destructiva.

Eso que escribes y dicta tu veneno refleja de lo que estás hecho. Es fácil entender lo que pretendes. Tú quieres que alguien piense al leerte que no es ni lo suficientemente bueno ni inteligente, ni atractivo, ni decente. Tú deseas que alguien se convenza al ver tus comentarios de que el mundo no es justo. Que sus triunfos son inmerecidos. Que no se merecen su felicidad.

Dicen los psicólogos que tú eres narcisista, que eres incapaz de aceptar críticas, que te fascina el exhibicionismo y que tu gran deseo siempre es llamar la atención. Leyendo esto te comprendo un poco más, aunque no te justifico. Y entiendo mejor por qué siempre eliges a los triunfadores para contaminar las redes con tu desprecio y envidia. Disfrutas destruyendo. Y mientras más exitosa, feliz o bella sea esa persona o esa marca, la destrucción, según tú, será mayor.

Siempre aplaudo a la gente valiente. A la que se levanta mil veces. A la que tiene el valor de decir lo que siente.

No te confundas. Tú no lo eres. Porque la gente valiente dice lo que siente sin hacer daño.

La gente valiente gana las batallas sin decir mentiras. La gente valiente construye, explica por qué sin restregar veneno, y siempre, siempre, quiere servir.

Dicen los psicólogos que a ti no hay que ponerte atención. Que la mejor manera de acabar contigo es ignorarte, borrarte, bloquearte y hacer como si no existieras. Que si uno te contesta tú vas a lograr tu cometido consiguiendo atención.

Yo hoy no hice caso a los psicólogos. Leí el comentario burlón que le pusiste a una amiga mía que es buena, optimista y exitosa y decidí escribirte para contarte que ella está muy feliz y agradecida con la vida. Y, en cambio, tú creaste una cuenta con un nombre falso para burlarte de su felicidad.

La diferencia siempre demostrará quién necesita más ayuda...

Recuerda que tu comentario se borra fácilmente, pero tu odio te convertirá siempre en el perdedor.

Soy cero tolerante con la maldad y por eso nunca voy a aceptar que una calumnia se quede sin mi defensa. Creo que llevo una abogadita dentro de mí que siempre quiere salir a luchar por la justicia.

Pero volviendo al principio de este capítulo, te contaba que las redes me han regalado a gente que quiero, y una de ellas es Aly Sánchez, quien además de ser mi compañera de trabajo, porque conduce el *News Café* en el Canal 23 de Univision, se convirtió en mi amiga gracias a Instagram. Aly comenzó a recomendar mis libros todo el tiempo en las redes sociales y un día me confesó que esos libros le habían cambiado la vida, lo cual me dio mucha alegría. Hasta me envió un video de ella y su esposo llorando mientras leían la carta que le escribí a Dominique en *Tu momento estelar*. Y ver a una comediante tan grande como ella llorando, me llegó al alma. Sí, porque la historia de Aly es de esas que me gustan.

Aly era una humilde niña cubana que llegó sin nada más que sus sueños a Estados Unidos y hoy triunfa en los escenarios como humorista, con personajes inventados por ella misma, y que incluso utiliza las redes para hacer reír y motivar con frases que repite como "¡Cabecita arriba!". Lo que yo no sabía era que Aly había sufrido acoso en las redes por parte de alguien a quien ella le entregó su corazón y su amistad. Cuando le conté que estaba escribiendo este libro para aliviar los dolores del alma y le pregunté cuál había sido su dolor más grande me contestó que el acoso que había sufrido en redes sociales. Y así mismo lo escribió para dejarle una lección a todo el que haya pasado por lo mismo.

¿Qué hacer cuando te dan un golpe bajo?

Por Aly Sánchez

Ser una persona de bien fue siempre la base de la crianza que me dieron mis padres. Mi familia me enseñó a soñar, crecer, superar obstáculos, alcanzar mis metas, ser agradecida y, sobre todo, a jamás hacerle daño a nadie. Esos principios los he llevado siempre como bandera, aunque la vida no es perfecta; y a pesar de tener una profesión pública y social, donde cada día conozco personas nuevas y cada día es diferente, he logrado llevar tanto mi vida profesional como la personal sin mayores contratiempos y sin importar la popularidad o fama que viene con mi trabajo, al que amo.

Pero ¿qué hacer cuando un día recibes un golpe bajo, muy bajo, de una persona a la que le abriste las puertas de tu corazón? ¿Cómo superar la decepción de descubrir la verdadera oscuridad en el alma de alguien que se enmascara de luz y miente en el nombre de la verdad? ¿Cómo enfrentar el dolor de la difamación y de lo injusto? ¿Cómo aceptar la realidad de haber estado tantos años equivocada, extendiendo tu mano a una persona que no lo merecía? ¿Cómo encuentras respuesta a esas preguntas que vienen con cada tormenta?; ¿por qué?; ¿por qué a mí?; ¿por qué ahora?; ¿cómo se puede caer tan bajo?

Al principio estuve en negación por la traición. El dolor y la impotencia cambian por completo tu mirada, tus prioridades, tu sonrisa. No solamente te afecta a ti, sino también a los tuyos. En mi caso, por ejemplo, tuve momentos en los que no quería llegar a casa solo para que mis niñas y mi esposo no me vieran así. Sentía que no tenía las fuerzas para transmitirles otra cosa que no fuera mi propia tristeza. Mi familia y amigos trataron de ayudarme, pero era muy difícil porque ni yo misma podía canalizar lo que me estaba pasando.

Después comencé el proceso de aceptar que esta situación no se iría en un día o dos. Comprendí que realmente me afectaba y que necesitaba encontrar la ayuda necesaria, las herramientas para mejorar y sanar. Escuché muchas veces que en los momentos difíciles solo se quedan los verdaderos amigos ¡y es verdad! Los que sobraban se fueron rápido y solo quedaron esos que merecen mi amor y lealtad, esos que no se cansaron nunca de escucharme, los que siempre estuvieron pendientes con mensajes y llamadas, no todos los días, sino varias veces en el día. Esos amigos que realmente se ponen en tus zapatos y tratan de darte el mejor consejo como si fueran ellos mismos los que están pasando por el problema. Amigos fuertes, a mi lado, sin juzgar, sin titubeos, literalmente atravesando conmigo la tormenta.

En ese proceso de aceptación me permití llorar, pero también entendí que la decisión de mejorar emocionalmente estaba en mis manos. Decidí enfocarme en lo positivo, en luchar por mi paz y la de mi familia.

Decidí no dejar que las mentiras dichas sobre mí opacaran el agradecimiento que tengo con la vida por tantas cosas lindas que me han pasado, por mis logros por los que he trabajado muy duro, por mi familia unida y por mis amigos. Decidí que unos pocos mensajes de odio en las redes sociales no podían tener más valor que los muchísimos que recibo a diario llenos de amor e inspiración. Decidí cada mañana levantarme y seguir dando lo mejor de mí. Decidí llenarme de fe y entendí que el dolor y los malos momentos son pasajeros, pero la enseñanza que dejan es muy valiosa y duradera.

Me di cuenta de que las calumnias y chismes tienen solo la importancia que uno les da, que no tiene sentido contestar o corregir a un mentiroso. Me di cuenta de que no se puede controlar lo que hacen las otras personas, pero que soy dueña de cómo reacciono a sus acciones. Me di cuenta de que pelear con las armas de mis enemigos solo les puede dar la victoria a ellos, que es mejor ignorar todo lo negativo y enfocarnos en nuestro trabajo y éxito porque una provocación solo funciona cuando respondemos a ella. Que no hay que gustar a todo el mundo y que eliminar a las personas tóxicas es la victoria más rápida que podemos tener.

Al final, tomé esta adversidad como una enseñanza de vida, como un momento de limpieza que sacó de mi camino a personas negativas y me dejó con los que realmente quiero estar, con los que amo. Seguramente has escuchado alguna vez esa frase que dice: "Ningún mar en calma hizo experto a un marinero", y así es. Aprendí que la vida te va a mandar momentos difíciles y lo único que tú puedes controlar es cómo reaccionas a ellos. Aprende a recibirlos y nunca dejes que se enquisten dentro de ti. Es tu decisión aprender de ellos y salir siendo aún más fuerte. Y recuerda siempre: ¡Cabecita arriba!

Aly

De víctima de *bullying* a ejecutivo de televisión

Si hay algo que todo padre debería saber, estudiar y entender, es cómo proteger a sus hijos del *bullying*. Y es que en esta época las probabilidades de que vayan a sufrir por su culpa son muy altas. Y lo más triste es que en el 2022, según la Organización Mundial de la Salud, hubo 200,000 suicidios entre jóvenes de 14 a 28 años.

De mí se burlaban de niña porque era fea y muy femenina. Tan femenina que nunca podía patear un balón en las clases de Educación Física, y eso tenía como resultado las burlas de mis compañeras. Curiosamente si hoy alguien me llamara "la femenina" me sentiría muy orgullosa de serlo. En aquel entonces yo quería ser brusca y fuerte. Nunca se lo conté a nadie, ni siquiera a mis papás. No dudo que esas burlas hicieran efecto en mi vida construyendo esa inseguridad de la que me liberé a los 50.

Cuando mi hija estaba pequeña siempre le insistí en que debía contarme todo lo que la hiciera sentir mal. Un día, recibí en casa una llamada muy sospechosa en la que se utilizaba un sistema para mudos y un traductor enviaba el mensaje. El mensaje era una burla a mi hija. En ese momento, Dominique me explicó que había una niña en su clase, que era hija de una de las profesoras, que la molestaba todo el tiempo. Al día siguiente, me presenté a poner la queja en el colegio y cuando me dijeron que debíamos manejar el tema con prudencia porque estaba envuelta la profesora, en ese mismo instante saqué a Dominique de ese colegio y le busqué otro. A grandes males, grandes remedios.

Además de explicarle a nuestros hijos que hay mentes enfermas que disfrutan haciendo sufrir, hay que decirles que lo informen inmediatamente y vigilar el comportamiento del niño todo el tiempo. Un niño que no es feliz yendo a clase es porque algo se lo impide y hay que averiguarlo. Y, sobre todo, apoyarlo.

Mauro Castillejos, un excompañero de trabajo de Univision, que ahora es ejecutivo de Telemundo, fue víctima de *bullying* siendo niño. Y aquí está su historia contada por él mismo y que hoy les enseña mucho a padres e hijos:

> La secundaria fue una época de muchos cambios para mí. Es la época en que uno cruza de la niñez a la adolescencia, y siempre es complejo cruzar ese camino porque es cuando uno

está definiendo la personalidad con la que uno crecerá, los traumas, los prejuicios y los miedos. Es el momento donde se empieza a socializar con adolescentes de ambos sexos, donde el aspecto físico importa mucho y nos define en la seguridad de interrelacionarnos con amigos.

Crecí en mi natal Coatzacoalcos, Veracruz, en el sureste de México, un puerto que no era tan conocido en el mundo hasta que emigró de ahí nuestra querida Salma Hayek, y puso en boca de este planeta la forma de pronunciar el nombre de esta ciudad.

En este puerto cursé la secundaria, y ahí sufrí de *bullying* debido a tener los labios muy gruesos y una complexión delgada. Yo creía que tenía estos "defectos" o al menos mis "amigos" me lo hicieron creer. Esto se unía a que solo usaba ropa humilde, pues mis padres también tenían que mantener a mis 3 hermanos. Los niños se burlaban y me atacaban haciéndome sentir feo, deforme y desvalorizado, y esto me creó inseguridad y timidez a la hora de relacionarme con los de mi edad.

Hasta que un día, caminando por la playa y reflexionando en que ese mundo que sentía que me atacaba se reducía a tres chicos (que ahora entiendo que probablemente tenían problemas de familia), me llamó la atención un pescador que estaba con sus redes sacando peces y platiqué con él. Conversando sobre la técnica y con la sabiduría que dan el mar y la piel vieja tostada por el sol me dijo la siguiente frase, que me marcó: "Quien tiene luz propia incomoda a quien vive en la oscuridad".

Comprendí que era el momento de dejar brillar mi luz sin que me importara lo que pensaran los demás. Eso me dio valor y enfrenté a mis compañeros de clase con el arma de la indiferencia y empecé a no darles importancia a lo que según yo creía eran mis defectos. Dejé de alimentar el acoso hacia mi persona, quité los miedos y frustraciones que alimentaban la conducta de quienes me atacaban. Al ver que eso por lo que me atacaban ya no me importaba y que, por el contrario, lo tomaba con cierto cinismo y humor, desapareció el afán por molestarme. Finalmente, se aburrieron y esos niños, que para mí eran muchos, dejaron de ser multitud para convertirse en tres jóvenes vacíos y llenos de problemas familiares y rencores. A partir de ahí mi actitud y carácter fueron cambiando y pude crecer con una personalidad más segura.

Cuando la crisis se convierte en bendición

"Querida Luzma, este es mi maestro", se podía leer en el mensaje que venía debajo de un *post* en el que se ve a un niño rubio, precioso, caminando con ayuda de un caminador. Sobre el video se puede escuchar la voz de María Paz Blanco, psicóloga y escritora, diciendo:

Algunos te dirán que no lo intentes.
Otros, que no lo vas a lograr.
Y algunos te dirán que para qué lo haces, si vas a fracasar.
Y claro que te harán dudar.

Pero es importante que comprendas
que fracasar no es equivocarse.
Y tampoco es no lograr un resultado.
Fracasar es no intentarlo.

A María Paz, una chica linda, inteligente y muy cálida la conocí cuando fue a presentar su libro *El poder de quererte* al programa *Despierta América*. Como psicóloga ayuda a controlar los miedos e incluso nos ayuda a entender cómo la imagen personal nos puede mejorar la vida. Todos quedamos encantados con ella sin sospechar que en su vida había un muñeco hermoso que era su maestro y que había nacido con una enfermedad única en el mundo, que retrasa su desarrollo y no le permite hablar. Como mamá, entendí su dolor y admiré su valor inmediatamente. Por eso, le pedí que fuera parte de este libro y le escribiera una carta a otra mamá que, como ella, lucha diariamente por ayudar a sus hijos.

Carta a una mamá especial como tú
(Porque las mamás especiales tienen hijos especiales)
Por María Paz Blanco

Hoy mamá, mujer valiente, te hablo a ti y te escribo estas palabras que, como madre, al igual que tú me habría gustado leer o escuchar algunos años atrás, sobre todo en los momentos de desesperanza. Sin embargo, la vida es tan sabia que solo el tiempo y la paz que siento en mi corazón me han llevado a mí a ser quien las escriba. Con profunda humildad, pero sobre todo amor, las comparto contigo hoy para que nunca olvides que: "Solo reconoces lo que es estar arriba si conoces lo que es estar abajo y, de igual forma, solo conoces la luz cuando sabes lo que es la oscuridad".

Alguna vez leí por ahí la siguiente frase: "Sana antes de tener hijos, para que ellos no tengan que sanar por tenerte como madre". Como psicóloga, *coach* de vida, pero, sobre todo, como mujer y mamá debo confesar que no comparto esta afirmación en lo absoluto. Si bien es importante hacer del trabajo personal una constante en la vida –ya que sus maravillosos resultados no solo impactan en ti, sino también influyen positivamente en todo tu entorno–, creo firmemente que nuestros hijos nos eligen como madres porque tienen una misión específica en este paso por la vida y serán nuestros grandes maestros. Finalmente, son ellos quienes nos dan las más profundas lecciones y nos enseñan a sanar aquellas áreas que necesitaban de nuestra atención y, muchas veces, nuestro perdón. Nuestros hijos e hijas actúan como un espejo de nuestras inseguridades y temores y también de nuestros sueños y anhelos, ya que es el amor a través de ellos lo que nos permite crecer y curar nuestras heridas. Nos enseñan el amor verdadero, el perdón y el valor de las cosas. ¿Cómo no van a ser nuestros pequeños grandes maestros?

Cuando este hijo o hija, que es nuestro mayor tesoro, sufre algún accidente o padece alguna enfermedad o discapacidad, esta pregunta cobra aún más sentido, porque sí, de un minuto a otro la vida te cambia en 180 grados. Por primera vez te invita, de golpe, a enfrentarte con tus peores fantasmas y miedos —esos que nunca ni siquiera te imaginaste que tendrías que enfrentar alguna vez—, y empiezas a sentir un dolor nuevo, uno que nunca habías experimentado simplemente porque cuando se trata de un hijo, el dolor te carcome el alma.

Quiero que sepas que no estás sola. Sé que es algo que toma tiempo aceptar y procesar, pero necesito que te brindes ese espacio de reflexión y de apertura, porque ese tiempo es el que te llevará a entender que no existen las casualidades, sino las causalidades, y que Dios, el Universo o como quieras llamarlo, tiene un plan superior para ti, en el que tu hijo es esa pieza clave que le faltaba a este rompecabezas que se llama vida, tu vida.

Te lo cuento porque he estado ahí. Soy madre de tres niños: Dominga, de 10 años; Mateo, de 8 años y Santi, de 6 años. Fue mi Santi, justamente, quien transformó mi vida en 2017, el año de su llegada a este mundo y el momento en que convirtió mi mayor crisis en mi mayor bendición.

A los 4 meses de vida de Santi comencé a notar que había cosas que no estaban bien: no sostenía su cabeza, su cuerpo tenía muy poco tono muscular, tampoco parecía fijar su mirada y no reaccionaba ante estímulos como lo hacían los demás bebés de su edad. Luego de muchísimos exámenes, pruebas y consultas médicas, un reconocido experto en neurología infantil me entregó el más horrible de los pronósticos:

"Veo muy difícil que Santi pueda caminar y que sea un niño autónomo. Si bien no hay un diagnóstico certero, todas las pruebas realizadas y los exámenes clínicos apuntan a ello y es mejor que lo sepas con tiempo para que puedas prepararte como madre y también como familia, porque se viene un camino difícil por recorrer".

Lo anterior me destruyó no en uno, sino en mil pedazos, y ha sido por lejos lo más doloroso de mi vida. Pero debo confesarte algo: decidí elegir. Si bien hay cosas que se escapan de nuestro control durante nuestra vida, la capacidad de elegir cómo actuar es algo que siempre depende de nosotros. Las circunstancias pueden ser las peores, pero no olvides nunca que siempre puedes elegir tu actitud y cómo afrontarás esa situación difícil que hay frente a ti. Yo elegí la fe sobre el miedo y me permití callar el ruido externo para darme espacio para escuchar mi interior, la voz de mi alma que en susurros me decía que Santi venía a transformarlo todo, que había un "para qué" y no un "por qué" en lo que me estaba ocurriendo. No era algo del azar o de la suerte que él me hubiera escogido como su madre. Porque sí, hoy quiero que sepas que hay una sincronía divina en todo lo que ocurre y los niños especiales siempre escogen a madres especiales como tú.

En ese momento acudí a la Teletón, en Santiago de Chile, para su rehabilitación y, en paralelo, también entendí que ese era el real momento de ocuparme de mí. Como mamá de dos niños muy pequeños y de Santi era fácil olvidarme de mí, y me di cuenta de que lo que estaba pasando también podía servir, de manera consciente o inconsciente, como la excusa perfecta para dejarme estar. Pero nunca olvides lo siguiente: el amor siempre comienza por uno y es imposible amar a otros en su plenitud si no te amas a ti misma primero. El amor propio es la base desde la cual se construyen todas tus relaciones y solo este brinda amor genuino a quienes nos rodean. Como sé que como madre quieres lo mejor para tu hijo o hija, también sé que hoy vas a entender la importancia de amarte incondicionalmente y de comenzar a ver la grandeza que hay en ti.

Con esto en mente, decidí de manera deliberada fortalecerme yo como mujer para poder hacer frente a toda esta incertidumbre de la mejor manera. Muchos podían verlo como egoísmo, pero, por el contrario, fue el acto de amor más profundo, porque sabía que Santi no necesitaba a una madre "a medias" y para eso debía estar más fortalecida que nunca. Así fue como comencé mi propio proceso de transformación y sanación interior, en el que acogí el dolor, le di la bienvenida y como si fuera mi propia alquimista quise transmutar y hacer de este pesar la motivación para trabajar y convertirme en mi mejor versión. Consciente de que siempre habrá muchas cosas que escapan de nuestro control, sabía que mi propia sanación era una decisión personal y que Santi, mi maestro, venía con una gran misión: hacer florecer lo mejor de mí, abrirme al camino del propósito, la dicha y la espiritualidad, para así poder llegar con este mensaje a más mujeres como tú.

Porque cuando abracé mi dolor, dejé de sufrir. Cuando asumí mi pena, comencé a entenderla, cuando reconocí que me faltaba mucho por mejorar, comencé a sanar. Porque el dolor de por sí duele, pero el dolor sin sentido duele aún más. Porque decidir sanar es de valientes.

Desde entonces y a lo largo de todos estos años, he decidido transitar esta vida desde el amor y elegir la calma antes que la preocupación y la fe antes que el miedo. Ha habido noches oscuras y siguen existiendo, ya que aún Santi no tiene un diagnóstico, pero sé que hay mucho apoyo divino a mi alrededor, a nuestro alrededor, a tu alrededor. No estamos solas. Jamás lo hemos estado y si crees que esto es muy lejano o místico, recuerda que siempre te tienes a ti. Es importante convertirse una misma en su mejor compañía, porque te vas a necesitar.

Hoy, mujer valiente, te escribo estas notas porque quiero que comiences a ver y a permitirte reconocer esa grandeza que hay en ti. Porque las madres de "niños especiales" nunca se rinden y son madres, terapeutas, educadoras y rehabilitado-ras. Porque saben ver el asombro en lo cotidiano y también luz cuando solo hay oscuridad y sombra. Porque son fuertes, resilientes y jamás se dan por vencidas. Porque tienen el privilegio de conocer momentos de profunda gratitud que, a veces, otras madres no saben apreciar. Porque cada logro, cada avance y cada progreso se vive con una alegría inexplicable, que inundará el corazón de esa luz que luego será la guía para esos momentos de oscuridad y desaliento. Esos instantes mágicos lo son todo y son los que nos enseñan a confiar en la vida, a saber que todo tiene un sentido y que esta aparente crisis que actualmente experimentas es y será tu mayor bendición.

Por si aún no te has dado cuenta, esa madre, esa mujer de la que hablo, eres tú. Para ti y todas las madres que hemos hecho de la incertidumbre nuestra principal certeza, que la fe, la ilusión y el amor las acompañen siempre.

Siempre hay un camino. Siempre hay esperanza. Siempre puedes elegir. Tienes a tu lado la bendición más grande de tu vida, tu maestro, que te escogió porque sabe toda la grandeza que habita dentro de ti.

A todas las madres las abrazo con amor.

Bendiciones,
María Paz Blanco

GUÁRDALO
en tu alma

La gente valiente dice lo que siente sin hacer daño.
La gente valiente gana las batallas sin decir mentiras.
La gente valiente construye, explica por qué sin
restregar veneno y siempre, siempre, quiere servir.

No estamos solas. Jamás lo hemos estado y si crees
que esto es muy lejano o místico, recuerda que siempre
te tienes a ti. Es importante convertirse una misma
en su mejor compañía, porque te vas a necesitar.

Cuando asumí mi pena, comencé a entenderla;
cuando reconocí que me faltaba mucho por mejorar,
comencé a sanar.

Las dificultades son del tamaño que quieres verlas.
Tú escoges si son más grandes o más pequeñas que tú.
Pero tú escoges, siempre.

Me di cuenta de que pelear con las armas de mis
enemigos solo les puede dar la victoria a ellos, que
es mejor ignorar todo lo negativo y enfocarnos
en nuestro trabajo y éxitos.

CAPÍTULO 15

¿Sufren los que hacen sufrir?

Hace unos meses me invitaron en Miami a ser parte de un pódcast llamado *Sinergéticos*, cuyo entrevistador es el abogado mexicano Jorge Serratos, que promete ayudar a impulsar negocios y marcas y presentar siempre conversaciones con personas que tienen excelentes historias. Su pódcast es el número uno de negocios en México.

Cuando lo conocí y me contó su propia historia, me sorprendió su sencillez y su gran calidez humana. Jorge, de niño, vivió en un orfanato y luego fue pandillero. Sí, este abogado inteligente y conferencista de TED Talks que tiene tres maestrías y dos doctorados durmió en la calle y entre pandillas, sufrió abusos y aguantó hambre.

Su madre lo tuvo a los 16 años, y como tenía dos trabajos y no tenía tiempo para cuidarlo decidió ponerlo en un orfanato donde Jorge sufrió todos los días. Ahí Jorge aprendió que la gente herida, hiere. Y como siempre se sintió solo, entendió que sus cómplices en la delincuencia eran su familia. Todos tenían en común que carecían de reconocimiento.

Un día se robó la pistola del abuelo de un amigo y junto a su pandilla se fue a asaltar una tienda. Su mamá lo llamó y le dijo: "Ven, Jorge, que te voy a dar la bendición". Así recuerda él para qué le sirvió aquella bendición: "Y al rato, cuando estoy haciendo el atraco, sale el dueño, y yo grito: '¡Viene la policía!' y como una gran coincidencia llega la policía, me dio mucho miedo y huimos".

Días después sufrió un accidente en medio de una persecución y casi se muere. Ese accidente le cambió la vida. Se dio cuenta de que su mamá lo quería. Y decidió pedir perdón y comenzar de nuevo, estudiar y convertirse en un hombre de bien y empezar a trabajar.

Él le confesó a Nayo Escobar en una entrevista que cinco ángeles de la guarda lo ayudaron a estudiar. Uno de ellos le ayudó a conseguir una beca y así entró a la universidad. Hoy por hoy, su lema es 1+1=3, porque dice que nadie puede lograr nada solo.

La historia de Jorge me llegó al corazón. Me inspiran su superación, su sinceridad, sus ganas de servir contando como él pudo pasar de pandillero a millonario. Y, sobre todo, cómo pudo pasar de vivir en medio de tanto dolor a vivir en medio de la gratitud y las ganas de ser cada día mejor. Y la pesada carga que construyó gracias al dolor la soltó cuando pidió perdón y decidió regresar al buen camino.

Con él entendí que los que hacen sufrir, sufren mucho. Esta es la carta que él siempre había querido escribir.

Carta a un pandillero
No existen personas malas, solo lastimadas
Por Jorge Serratos

Cuando yo estaba perdido en mi juventud había dentro de mí un verdadero cóctel de emociones: coraje, tristeza, rabia, ansiedad, decepción... Sentía como si una bola de fuego me ardiera en el pecho, estaba completamente enojado con la vida, y encontré en las pandillas lo que tanto anhelaba: una familia que me protegiera y un lugar al cual pertenecer.

Algo que nos unía era que la mayoría carecía de reconocimiento y muchos habían sufrido abandono. Todos los vecinos de la colonia tenían historias difíciles: a uno le habían matado a su papá, otro padecía porque su mamá consumía *crack* y algunos asistían a las reuniones de Alcohólicos Anónimos que se organizaban en la esquina de mi casa. Constantemente éramos señalados y nos juzgaban por hacer grafitis y por andar en la calle. Pocas personas realmente entienden lo que hay detrás de ese mundo. Nos etiquetan como delincuentes sin entender cuánto dolor llevamos dentro.

En esos momentos me hubiera gustado que alguien me dijera que las personas heridas hieren.

Hoy tengo claro que no fue mi culpa nacer en el lugar donde nací, ni tener que buscar comida en la basura por hambre, ni crecer en un internado donde sufrí todo tipo de abusos, ni ser pandillero y exponer mi vida al punto de casi quedar ciego o incluso algo peor.

Me hubiera gustado entender que mi pasado no define mi futuro, y que siempre se puede cambiar sin importar las circunstancias si empiezas a creer en ti mismo. Estamos en un mundo de infinitas posibilidades; sin embargo, a veces nuestro sufrimiento no nos permite ver más allá. Por el contrario, solo vemos a través de nuestras circunstancias. Como pandilleros, convivíamos con las drogas, la violencia, el robo e incluso nos dañábamos a nosotros mismos. Me hubiese gustado entender desde una edad temprana que el mundo era más grande que mi colonia y mis amigos.

Si estás pasando por ese camino, te advierto que lo que va a suceder es que tus amigos se irán muriendo o los irán asesinando porque no entendieron esto a tiempo.

Quizá yo tuve suerte, quizá fue Dios o la bendición de mi mamá, quizá fue el destino, pero hoy puedo decirte que estoy bien. Tengo un camino por delante y tal vez tenía que sobrevivir a las pandillas para dedicarte esta carta, para que leas estas líneas y digas: "¡Basta! Voy a hacer algo por mi vida, sin importar lo que haya hecho antes para lastimar o dañar a alguien".

No hay límite de tiempo, comienza cuando quieras. Puedes cambiar o seguir igual: la vida no tiene reglas. Aprovecha cada oportunidad o deséchala. De todo corazón, espero que las aproveches. Espero que sientas cosas que jamás hayas sentido. Espero que conozcas personas con opiniones diferentes. Espero que estés orgulloso de tu vida, y si descubres que no lo estás espero que tengas la fuerza para comenzar de nuevo.

La realidad es que nunca serás más joven que en este momento. Cuestiónate si tiene sentido vivir en piloto automático y no esperes hasta tus últimos días para preguntarte por qué no perdonaste. Siempre te puedes perdonar y perdonar a los demás. Vive en modo sinergético, perdona rápidamente y comparte con alguien más que 1+1=3.

Jorge Serratos

Andrés López: del dolor de la vergüenza a la alegría del éxito

La primera vez que supe de él fue por la prensa. Era un narcotraficante colombiano que se había convertido en escritor y había contado su vida en su libro *El cartel de los sapos*. El libro, a su vez, se había convertido en una telenovela y la telenovela se había convertido en mi cita diaria, de lunes a viernes, con un personaje divertido, amable y buena gente al que admiré sin imaginar que un día en la vida real iba a ser mi amigo. Y es que la vida real a veces es mejor que las novelas.

Andrés López López es uno de esos personajes fascinantes con el que uno se puede quedar hablando por horas y del que uno no entiende cómo una vez fue delincuente. Tiene buen corazón, es optimista e inteligente, tiene una mente veloz y brillante, es de risa fácil, adora a sus hijos y además creo que fue el mejor nieto del mundo.

Pero si uno lo busca en los archivos de la DEA seguramente encuentra que este caleño desde muy jovencito (por eso le decían "Florecita") se integró al cartel del Norte del Valle, conoció a los capos de capos y un día fue a parar a una cárcel de Estados Unidos. Aquí negoció su libertad a cambio de revelar secretos del narcotráfico, y decidió que ese Andrés que saldría de allí iba a ser un hombre de bien, un escritor respetado. Y lo logró.

Él llegó a mi vida gracias a un amigo común. En esa época yo soñaba con ser escritora y ya él producía puros *bestsellers* que rápidamente se convertían en exitosas producciones de televisión. Andrés es el autor de *El señor de los cielos*, *Las Fantásticas* y *Joaquín "el Chapo" Guzmán, el varón de la droga*.

Mi nuevo amigo era cada día más respetado. A lo largo de nuestra amistad le he hecho muchas preguntas, pero nunca le hice estas que se me ocurrieron mientras escribía este libro.

¿Sentías que estabas causando daño mientras eras narcotraficante?

Inicialmente no. Era un niño inconsciente. Cuando adquirí conciencia comprendí el inmenso daño que le causaba a todo el mundo.

¿Qué calmaba tu dolor cuando estabas preso?

Cuando llegué a la cárcel era una persona distinta. Sabía que había llegado ahí porque me lo merecía. Tenía claro que en el fondo el dolor es necesario para el crecimiento. No huía de él, todo lo contrario, lo enfrenté poniendo siempre mi pecho y la cara. En esos baches que me transportaban a momentos dolorosos pensaba en las cosas bonitas que me esperaban afuera: mis hijos, mi familia, la libertad, y en las cosas bellas que parecen tan insignificantes: hablar, comer, caminar.

¿Le pediste perdón a tus hijos?

Mil veces les pedí perdón, no solo a mis hijos, sino a todo al que pude hacerle daño con mis actos. Lo de mis hijos fue especial. Un día su mami me dijo: "Quiero que nuestros hijos conozcan de boca de su padre toda la verdad. Ese día me llené de valor, y aún siendo ellos muy pequeños les conté toda la verdad y quién era realmente su padre. Lo entendieron y hoy, con todo y mis equivocaciones, se sienten orgullosos de quien soy y de quienes son ellos. Al final, estoy convencido de que tu pasado no dictamina tu presente y mucho menos tu futuro.

Aceptar que se equivocó le devolvió la felicidad a Andrés y de los 11 años a los que fue condenado, solo pagó 2 en la cárcel. Cuando le propuse que le escribiera una carta a un chico que está a punto de caer en la tentación de ser narcotraficante, no lo dudó. Y esta fue la carta que le envió.

Carta a un joven que quiere ser narcotraficante

Por Andrés López López

Si estás pasando por dificultades y estás considerando tomar el camino del narcotráfico, ese que algún día yo tomé, te animo a buscar alternativas legales y positivas para mejorar tu vida y la de tus seres queridos. Frente a nuestros ojos hay muchas oportunidades disponibles como la educación, el empleo honesto y el desarrollo personal. Estos caminos pueden conducir a una vida más estable y satisfactoria, donde puedas encontrar éxito y felicidad sin tener que jugarte la vida en una actividad que, para mí, es la más peligrosa del mundo.

El narcotráfico, ese mundo que recorrí por más de 15 años, es un camino lleno de peligros y consecuencias negativas. Aunque al principio puede parecer atractivo por el dinero rápido y fácil, los riesgos y las repercusiones a largo plazo superan de lejos cualquier beneficio momentáneo. Aprovecho estas líneas para contarte algunos de los aspectos negativos y desafiantes que podrías enfrentar como narcotraficante y cómo esto puede afectar a tu familia, para ver si de esta manera logro hacerte reflexionar.

El narcotráfico implica trabajar en un ambiente lleno de violencia, amenazas, persecuciones, conflictos, y constantemente vas a estar expuesto a situaciones peligrosas que ponen en riesgo tu vida y la de tus seres queridos.

En este mundo tus enemigos no solo serán otros narco-traficantes, sino también las autoridades de tu país. La policía y las agencias federales tienen recursos dedicados única y exclusivamente para identificarte, arrestarte y meterte tras las rejas. Tarde o temprano, las manos de la justicia te van a alcanzar y sin duda vas a pasar, si no la vida entera, un largo periodo en una prisión. Eventualmente vas a terminar acusado y será United States of America vs tú. A partir de ese momento ninguno de esos que llamabas amigos, cuates, *brothers*, compas, camaradas, te va a visitar ni te va a preguntar ¿en qué te puede ayudar?

El narcotráfico termina por consumir tu vida y va a afectar de una forma, casi siempre trágica, tus relaciones con los demás. Vas a terminar alejado de eso que dices es lo que más quieres, tu familia; y tus verdaderos amigos se alejaran de ti por obvias razones. Si quieres sobrevivir vas a tener que mantener en secreto tu estilo de vida para evitar exponerte y exponer a los demás o arrastrarlos a tu peligrosa realidad. Cuando la gente sepa quién eres, la desconfianza y la tensión se convertirán en una constante en tus relaciones más cercanas. Nadie va a confiar o creer en ti y mucho menos tú en los demás. En conclusión, no creo que sea muy bonito caminar por la vida sin creer ni confiar en nadie.

Los efectos del narcotráfico en tu familia serán devastadores. El narcotráfico no solo te va a destruir a ti, sino que también destruirá a tu familia. Ellos y tú tendrán que vivir con el miedo

248 ¿CUÁNTO TE PESA LO QUE TE PASA?

constante de ser descubiertos, sufrirán el estigma social aso-
ciado con ese mundo en el que tú caminas y podrían ser víctimas
de violencia o represalias por parte de otros.

Además, como seguramente vas a ser arrestado y condenado, tus seres queridos económica y emocionalmente la van
a pasar muy mal y les será muy difícil reconstruir sus vidas. El
narcotráfico conlleva una carga emocional y psicológica ini-
maginable. Vivir con el constante temor de ser descubierto, ver
la violencia y la pérdida de vidas humanas y enfrentar la pre-
sión de mantener una operación ilegal te van a generar problemas de salud mental. Estrés, ansiedad, depresión e incluso
trastornos postraumáticos son problemas con los que vas a vivir
el resto de tu vida. En mi caso, hoy sonrío, pero como lo dije
alguna vez: "Las cicatrices, que ahí están, las llevo en el alma".

No puedes olvidar que todas nuestras acciones tienen consecuencias y afectan para bien o para mal a quienes nos rodean,
especialmente a esos que vienen atados a tu corazón. Como
te lo he dicho, tomar el camino del narcotráfico puede parecer tentador en un primer momento, especialmente cuando se
piensa que es una forma rápida de obtener riqueza y poder. Sin
embargo, lo más importante es saber que esas ganancias ma-
teriales efímeras no pueden compensar el daño y la destrucción
que se desencadenan a tu paso.

Al elegir el narcotráfico, eliges un camino que inevitablemente te separará de tus seres queridos y los pondrá en peligro.
En mi caso, mis hijos, padres, hermanos y esposa terminaron

sufriendo las consecuencias de mis decisiones y tuvieron que enfrentar consecuencias físicas, emocionales y económicas que duraron mucho más que cualquier beneficio financiero momentáneo que yo les pude dar. Sé que fui el único responsable del daño que les causé a todos y también sé que toda mi vida cargaré con ese peso en mi conciencia. Si con estas palabras logro que tú, que estás leyendo esto, te detengas, creo que el sentarme al filo de las diez de la noche a escribirte estas palabras valió la pena.

Como sociedad, el narcotráfico también nos afecta. Al contribuir a la propagación de cualquier droga ilegal estamos alimentando un ciclo destructivo de adicciones, violencia y corrupción. Esto tiene un impacto negativo que lleva a la desestabilización social y afecta directamente la calidad de vida de muchas personas inocentes que no tienen por qué pagar las consecuencias de nuestras acciones irresponsables.

Parce, compa, carnal, camarada, cuate: en lugar de optar por ese camino oscuro y peligroso, te animo a buscar opciones legales y éticas para prosperar. La educación, el trabajo duro, el emprendimiento, el arte, el deporte y la creatividad son solo algunas de las alternativas que pueden abrirte puertas hacia una vida plena y significativa. Aunque tengo clarísimo que el camino es putamente difícil y requiere un infinito esfuerzo, tengo la plena certeza que el resultado valdrá la pena. No desfallezcas, sigue. Toca puertas, y si las cierran, vuelve a tocarlas. Alguien –como ocurrió en mi caso– en algún momento te las abrirá.

Siempre es posible cambiar de rumbo y enmendar nuestros errores. Aprende de tus experiencias, busca apoyo en personas positivas y busca oportunidades que te permitan crecer y contribuir de manera constructiva a la sociedad. Yo sé que todos de la mano podemos construir un mundo mejor y dejar un legado positivo para mis hijos y tus hijos, mis nietos y los tuyos y las generaciones futuras. La gente siempre nos va a recordar por lo último que hicimos. Aún hay tiempo.

Tengo claro que en la vida enfrentamos numerosos desafíos y obstáculos que pueden hacer que el camino correcto parezca inalcanzable. Sé que la falta de oportunidades, las dificultades económicas y las desigualdades sociales hacen que la opción del narcotráfico parezca una solución rápida y tentadora. Sin embargo, es precisamente en esos momentos de adversidad, cuando todo está cuesta arriba, donde se pone a prueba nuestra fortaleza, nuestro carácter y nuestra valentía. También sé que elegir el camino correcto implica más que simplemente tomar la decisión de no involucrarse en actividades ilegales y dañinas. Es un acto de resistencia contra la tentación, un desafío a las circunstancias adversas y una afirmación de nuestra integridad y valores más profundos. Implica enfrentar las dificultades del día a día con determinación, perseverancia y creatividad para encontrar soluciones que no comprometan nuestra ética y dañen a los demás.

Al elegir la honestidad y la legalidad, te adueñas de tu destino y construyes tu propio éxito. Cada logro y cada paso adelante se convierten en una prueba de tu capacidad para superar las adversidades y convertirte en tu mejor versión. El camino correcto te brinda la oportunidad de impactar positivamente la vida de aquellos que te rodean. Puedes convertirte en un modelo a seguir para tus seres queridos, amigos y comunidad, demostrando que es posible triunfar en la vida sin recurrir a medios ilícitos. Tu éxito se convierte en una inspiración para otros, abriendo puertas y allanando el camino para que sigan tus pasos y alcancen sus propias metas de manera honorable. Construyes relaciones significativas y duraderas basadas en la confianza y el respeto mutuo. Tu integridad actúa como un imán que atrae a personas de calidad que comparten tus valores y te apoyan en tu crecimiento. Estas conexiones auténticas y genuinas son una fuente de fortaleza y apoyo inquebrantable en los momentos difíciles.

Recuerda que la valentía no se mide por la facilidad de los caminos que elegimos, sino por la capacidad de enfrentar la adversidad con integridad y de mantenernos firmes en nuestros principios. Al optar por el camino correcto, eliges la dignidad y la paz interior, convirtiéndote en un verdadero líder y protagonista de tu propia historia.

Al final la elección de caminar por un mundo correcto es un regalo que te haces a ti mismo y a quienes te rodean. No permitas que las dificultades temporales te desvíen de tu verdadero potencial. Mantén la esperanza, trabaja duro y sé valiente en tu búsqueda de una vida llena de significado y propósito. Recuerda que cada paso que des hacia la luz es un paso hacia la realización personal y hacia la construcción de un mundo mejor para ti, para mí y para todos.

Tu amigo,
Andrés López

Si Clint Eastwood no dejó entrar al viejo, no dejes tú entrar al triste

Hay una anécdota de Clint Eastwood que me encanta. Alguna vez le preguntaron cuál era su secreto para mantenerse activo y respondió: "Cuando me levanto todos los días, no dejo entrar al viejo. Mi secreto es el mismo desde 1959: mantenerme ocupado. Nunca dejo que el viejo entre en casa. He tenido que sacarlo a rastras, porque el tipo ya estaba cómodamente instalado, dándome el coñazo a todas horas, sin dejarme espacio para otra cosa que no fuera la nostalgia. Hay que mantenerse activo, vivo, feliz, fuerte, capaz. Está en nosotros, en nuestra inteligencia, actitud y mentalidad. Somos jóvenes, con independencia de nuestro DNI. Hay que aprender a luchar por no dejar entrar al viejo".

Elizabeth Correa es una de las mujeres más simpáticas que conozco. Donde ella está siempre hay alegría. La conocí cuando empecé a trabajar en televisión. Ella era la encargada de manejar las finanzas de TeleFutura, la cadena para la que trabajábamos.

Siempre la admiré por ser encantadora con todo el mundo y, sobre todo, por ser tan relajada. Robándome la historia de Clint Eastwood, yo diría que Eli nunca ha dejado entrar al triste a su vida. Siempre da la impresión de que todo está bien y de que todo lo que le rodea siempre es alegría. La vida nos separó físicamente cuando cambiamos de trabajo, pero siempre la he sentido cerca por grandes amigos que tenemos en común.

Hace un tiempo, la noticia de que Eli tenía cáncer nos cayó a todos como una bomba. Eli, que es lo más parecido a la vida, estaba amenazada por esa maldita enfermedad. Recuerdo que en pleno tratamiento le escribí diciéndole: "Eli, soy Luzma. Ayer me dio tanta alegría que me contestaras por IG. Sentí a esa Eli alegre, invencible, que nos ha dado a todos siempre una lección de alegría. Sé que en estos días Dios te está poniendo la cosa un poco dura, pero tú suéltale una de tus carcajadas para que Él vea que nada te hace perder tu fe. Estoy segura de que estás viviendo esto para ayudar a alguien más. Y en un año vas a mirar para atrás y dirás: 'Estoy sana gracias a Dios y tengo que contarlo para servirle a otros'. Yo misma me voy a encargar de contar tu historia y le vas a dar fuerza a otra mamá que quizás esté pasando por lo mismo. Ayer conocí a alguien que está sana después de un cáncer de estómago. Tú eres Vida, Eli. Te quiero mucho y aquí me tienes para lo que necesites".

El tiempo pasó. Gracias a Dios, Eli mejoró, y ahora con este libro cumplo mi promesa de contar su historia para ayudar a alguien más.

Eli, ¿cómo supiste que tenías cáncer?

Algo simplemente no estaba bien. Decidí ir a un médico general y hacerme algunos análisis de sangre. Lo único que no era normal eran mis glóbulos blancos. Los resultados de mi prueba mostraron una reducción de .01, o sea, nada de qué preocuparse. Le pregunté a la doctora y ella me aseguró que no tenía nada de qué preocuparme y que debía volver en un mes y hacer análisis de sangre nuevamente.

Así lo hice, solo para encontrar que mis glóbulos blancos habían bajado un poco más. Nuevamente recibí un "nada de qué preocuparse". Regresé al mes siguiente, en una tercera visita, y ahora habían bajado significativamente más. A pesar de que la doctora lo encontró raro, pero no alarmante, le pedí que me refiriera a un hematólogo. Cuando finalmente pude conseguir una cita con la hematóloga, ella también me aseguró que no me pasaba nada. También me hizo pruebas y solo debido a mi persistencia me recomendó a un reumatólogo. El reumatólogo me prescribió unos esteroides que no surtieron efecto porque yo no tenía ningún problema reumatológico.

Afortunadamente, escuché a mi sexto sentido, mi instinto, y seguí buscando. En este punto, estaba un poco anémica y un poco cansada y fatigada, por lo que decidieron hacerme transfusiones de sangre semanalmente. Eso ayudó un poco. En este punto, me dijeron que esta sería "mi nueva normalidad". Pero yo no aceptaría eso y seguí buscando, leyendo e investigando. Fue entonces cuando decidí pedir una biopsia de médula ósea. Todos los médicos me dijeron que no tenían motivos para solicitar una.

Estaba bien. Me veía genial. Probablemente era la menopausia haciendo efecto. Pero yo insistí en la biopsia y así fue como me hicieron una. Y ese día comenzó el viaje de la leucemia, la leucemia mieloide aguda. Doy gracias a que Dios todos los días me persistió porque la atrapamos temprano. He perdido a muchos amigos a lo largo de este tiempo en el hospital, aquellos que esperaron demasiado y la cura para ellos ya no era posible. Estoy agradecida por tener la cabeza dura y por nunca aceptar un "no" por respuesta. Esa es la voluntad de mi madre que vive en mí. Esa misma voluntad me salvó la vida.

¿Qué diferencia hay entre la Eli de antes del cáncer y la de ahora?

La Eli de antes murió. La enterramos en un hermoso servicio conmemorativo rodeada de pensamientos, emociones y sentimientos que nunca quiso revivir de nuevo. Esa persona no existe. No la extraño. Sufrió mucha angustia y dolor y ahora está descansando como se merece. Otra Eli nació el 7 de diciembre de 2022. ¡Guau! Ella es magnífica, llena de vida, feliz, pero lo más importante, ¡saludable! Ve el mundo con otro lente, lleno de gratitud y paz. No cambiaría a esta Eli por nada en el mundo. Agradezco al cáncer por llegar a mi vida y enseñarme la lección que necesitaba. Ahora ha terminado y se ha mudado para enseñar a alguien más que lo necesita. No te odio, cáncer. Te acepté y aprendí de ti y estoy agradecida por el viaje.

Y esta es la carta que la nueva Eli le quiere escribir a esa persona que acaba de recibir esa mala noticia.

Seis letras sin poder. No le des poder al cáncer, no es una sentencia de muerte

Por Elizabeth Correa

Sé que es más fácil decirlo que hacerlo, pero necesitas encontrar tu conexión a tierra. Conéctate completamente a tierra. Lo primero que debes hacer es aceptar este cáncer, abrazarlo. Te prometo que será una lección poderosa que se te ha dado en este viaje. No puedes cambiar algo o trabajar en algo si primero no lo aceptas. Esta es una pregunta difícil y una orden muy fuerte, pero aquí es donde comienza tu fuerza. Vas a emprender este viaje, ya sea que estés listo o no, y no hay otra opción en este momento. Recuerda, estar preparado o preparada es la clave, por lo que tu fortaleza será arraigarse y aceptar esto como un regalo. Puedo asegurarte que nos espera un viaje increíble. No estoy segura de cuál es tu lección, pero entender tu lección es tu trabajo ahora. Encuéntrala y profundiza en esto y vendrá a ti.

¡Lo siguiente es FE! Necesitas creer con todo lo que tienes, de todo corazón hasta tu esencia absoluta. Necesitas creer que cada medicamento que tomas está aquí solo para curarte, nada más. ¡Esa fe tiene que correr por tus venas! Nunca podrás perder de vista tu objetivo. Habrá muchas distracciones, pero recuerda que estamos nadando hacia la meta. Habrá contratiempos y muchos obstáculos, pero tú como madre sabes cuánta fe y determinación llevamos dentro. Esa lucha que tienes por esos hermosos niños, súbela un poco, ¡estamos luchando por la vida ahora! Enfócate. Dios no te da aquello de lo que no puede sacarte. Ora. Reza con ganas.

Lee, infórmate y aprende. Solo puede hacerte mejor. Encuentra tu paz, rodéate de pensamientos positivos, música e imágenes. Recuerda que este es un viaje, y tener una mente y una actitud positivas es clave. Mente sobre materia. Siempre. ¡Estamos aquí para luchar y estamos jugando para ganar! Esos niños te necesitan, nosotros te necesitamos.

Habrá días buenos y días no tan buenos, pero siempre hay que recordar que toda emoción pasa. Abraza cada emoción. Está bien llorar y está bien tener miedo y está bien no estar bien. Y aquí es donde entra tu círculo. Elige tu círculo sabiamente, personas que te animen y solo vean lo positivo en todo. Siempre estamos buscando ese lado positivo; no lo dudes, lo encontrarás. Es tu mentalidad. Tú eliges.

Yo lo he hecho y tú también puedes hacerlo. Estaré contigo a lo largo de este viaje, cada vez que quieras hablar. Por lo general, esas conversaciones son en medio de la noche y eso está bien porque estoy a tu lado, ¡en tu equipo! No hay nada que no podamos hacer. Nada. Este tratamiento va a funcionar. Lleva un diario, un diario de todo, lo bueno, lo malo y lo feo. La quimioterapia no es una broma, necesitas preparar tu cuerpo. Necesitas decirle a tu cuerpo y a ti mismo que esta quimio viene a curarte. Eso es todo lo que va a hacer. Antes de que te des cuenta, tendremos una compatibilidad y un trasplante. Será duro, pero valdrá la pena. No hay duda. Aprenderás a vivir de otra manera, pero adivina qué, ¡estás con vida! Eso es todo lo que necesitas para luchar. ¡Esta será tu mayor pelea y tu mayor victoria! ¡Lo lograremos! ¡No estás solo! ❤

Eli

El niño curioso que un día se vio en los Oscar

Mauro Castillo es uno de esos seres humanos que se te meten en el corazón en cuanto lo conoces. El cantante y actor colombiano que le da vida a Félix en la película *Encanto*, de Disney, te roba el alma con su sonrisa y su optimismo. Por eso, el día que lo vi cantando en los Oscar "We don't talk about Bruno" pensé en ese muchacho ilusionado que llegó un día a Estados Unidos listo para ver sus sueños hechos realidad.

Mauro lo logró, y como sé perfectamente que en el camino al éxito siempre hay piedras que amenazan con golpearte, le pedí a Mauro que le escribiera una carta a un muchacho que comienza a caminar por ese mismo camino.

Todo lo que necesitas está contigo
Por Mauro Castillo

¡Hola! Esta carta es para ti.

Este mensaje está cargado de esperanza de luz. Espero que lo leas atentamente, lo recibas con tus brazos abiertos y lo pongas en tu pecho como si fuera un abrazo. Lo es, solo que en forma de letras y directo a tu corazón.

La curiosidad que desde niño tienes es uno de los grandes motores que te llevará a cruzar fronteras, a conseguir lo que quieres, a ser la persona que sueñas. A mí, por ejemplo, me ha llevado hasta los premios Oscar.

Quiero que sepas que lo tienes todo. Todo lo que necesitas está contigo. Tienes el amor que alguien en casa te da a diario, las sonrisas que recibes en la calle, la fuerza en tu mente y en tu espíritu y las ganas de avanzar. El camino no es fácil, pero si estás atento y consciente, lograrás todo lo que te propongas.

Tengo que confesarte algo: he sido discriminado por mi color de piel. Es un poco triste, no lo puedo negar, y solo depende de mí sobreponerme ante esos obstáculos. Ahí me convierto en una ola de mar y veo ese problema como un simple grano de arena abriéndose a mi paso. ¿Sabes por qué? Porque debes cuidar tu corazón siempre pues lo que sientes cuando te rechazan puede hacer que cambie y se convierta en un lastre que hará difícil que avances.

Hoy quiero hacerte una pregunta: ¿has visto imágenes donde ponen a prueba tu mente con figuras que crees que representan una cosa y resultan ser otra? ¿Has visto esos juegos mentales? Bueno, nuestra mente está siempre en esa tarea, asociando cosas para poder entender. Como personas afro, llevamos años siendo etiquetados como seres de otra clase, como elementos dañinos que no aportan de un modo importante a la sociedad. Esa percepción cargada no solo de racismo si no de clasismo nos pone como enemigos del mundo, cuando, al contrario, con la fuerza de nuestros ancestros hemos ayudado a construir este lugar, a generar su riqueza económica y cultural, primero a través de la esclavitud y ahora desde la libertad. Entonces, alrededor tuyo vas a escuchar muchas expresiones que querrán destruirte y ciertas acciones contra ti que al ser normalizadas y repetidas se vuelven un hábito que va en contra de lo que realmente tú y yo somos y de lo que representamos como seres humanos.

Entonces, aquí te dejo un consejo: "Desarrolla el hábito de perdonar y sigue adelante". Siento que hemos avanzado hacia la igualdad en algunos lugares, pero en otros se agudiza el problema. No pierdas la oportunidad de investigar acerca de la historia de tus antepasados, de tus abuelos, los que pasaron por aquí y dejaron un legado que algunos desesperadamente quieren borrar de nuestra historia. Tienes muchas cosas buenas para dar al mundo. Mereces saber de dónde vienes y eso también te va a ayudar a perdonar. En tu camino vas a encontrar personas que te harán el bien y otras que no ¡y serán de todas las razas y creencias! Es importante entonces que tengas claro lo que pienso acerca de eso. Para mí, solo coexistimos seres humanos compatibles y no compatibles en nuestra forma de ver la vida. Esto me ha servido para no alimentar rencores y para conocer un poco de nuestra condición humana. Tengo amigos de casi todas las religiones y posturas políticas. No me cierro ante las personas porque reconocer a quien es diferente a ti, te hace crecer. ¡Ánimo, sí se puede!

Me han sacado de proyectos por mi color de piel, me han negado trabajo, han puesto a personas menos preparadas que yo para hacer ciertas cosas, pero ¿sabes algo? Aquí va otro consejo: "Estudia mucho. Busca algo que de verdad te apasione y no pares". Serás libre si eres consistente y no paras, y te llenarás de confianza y de seguridad. Ahora hay muchas oportunidades para hacerle saber al mundo que eres bueno. El mundo también ha cambiado para bien, sin embargo, lo más importante es hacerte saber a ti mismo todo lo que vales.

En este camino lo que más debes cuidar es tu corazón. De nada te sirve llegar donde te propongas con rencor en él. Ahí está nuestra propia paz, el corazón es lo más grande que tenemos, lo que nos permite ser felices.

Sueña en grande, nunca pares de hacerlo. Trabaja en equipo. Siempre hay personas dispuestas a hacerlo contigo. La fuerza para ser mejor en lo que te propongas la vas a sacar de tu interior, pero no olvides que los triunfos más grandes se consiguen en equipo, en familia.

Siempre lleva a Dios en tu corazón o a cualquier idea que tengas de él. Si no crees en Dios no hay prisa, pero, por favor, date la oportunidad de tomar riesgos.

Atrévete a ser diferente, a seguir siendo curioso, a explorar, a cuestionar incluso tus propios pensamientos, a escuchar hasta a las personas menos compatibles con tu ser. Como decía mi abuela: "Cada cabeza es un mundo". Puedes hacer de tu cabeza un mundo gigante; recuerda que el universo siempre está en expansión. En él cabemos todos y la pasarás mejor si ayudas a los demás, si vives en integridad y si buscas con tu corazón la felicidad, un día a la vez, y te preparas para cuando llegue tu oportunidad.

¿Te conté que a veces me veo como una ola de mar?

Te abrazo,
Mauro Castillo

GUÁRDALO
en tu alma

*En esos momentos me hubiera gustado que alguien
me dijera que las personas heridas hieren.*

Siempre te puedes perdonar y perdonar a los demás.

---

*No permitas que las dificultades temporales te desvíen
de tu verdadero potencial. Mantén la esperanza, trabaja
duro y sé valiente en tu búsqueda de una vida llena
de significado y propósito.*

Desarrolla el hábito de perdonar y sigue adelante.

---

*El camino correcto te brinda la oportunidad de impactar
positivamente en la vida de aquellos que te rodean.*

---

*Al elegir la honestidad y la legalidad, te adueñas
de tu destino y construyes tu propio éxito.*

¡Estás vivo! Eso es todo lo que necesitas para luchar.

Lo que me enseñó este libro

Empiezo el final de este libro frente a la playa de Tortuga Bay, en Punta Cana, uno de mis lugares favoritos en el mundo. Aunque digan los estudios que Finlandia es el país más feliz del mundo, a mí no me quita nadie de la cabeza que los más felices del mundo son los dominicanos. Siempre son tan hospitalarios, tan amables, generosos y divertidos que hacen que uno se sienta en el país más feliz del mundo.

Mi amiga Evelyn Betancourt, la cubana más dominicana que existe y la mejor embajadora de la República Dominicana, me recomendó Tortuga Bay, y decidí empezar a celebrar mi cumpleaños aquí con Bebo y Dominique y cerrar el último capítulo de este libro donde he dejado trozos de mi alma. No había un lugar mejor para hacerlo. Aquí en la República Dominicana siempre recargo mis baterías de buena vibra y energía.

Te prometí al principio de este libro que lo iba a escribir para aprender a vivir con el dolor y que lo terminaría cuando estuviera segura de que me había ayudado a mí. Ya estoy segura. Mientras caminaba por la orilla del mar me pasaron por la mente, como si fuera una película, todas las lecciones que he aprendido escribiendo este libro. Y la lección más importante que me deja es que hay que aprender a vivir con el dolor y no dejar de vivir por su culpa. Lo primero que hay que hacer es aceptarlo.

Sí, aprendí que tengo que aceptar mi realidad, y si hay posibilidad de cambiarla, luchar por eso. Y si no hay, siempre voy a tratar de construir alrededor de esa realidad el mundo que yo quiero. Aprendí a ser más bondadosa porque el dolor crea una hermandad que no sabe ni conoce estatus. Aprendí a pedir ayuda sin que me dé vergüenza y, sobre todo, aprendí a valorar y agradecer con más fuerza que antes. Aprendí que puedo alegrar tanto a alguien con una palabra bonita, y por eso siempre admiro, aplaudo y felicito cuando es merecido. En todo este proceso, encuentro felicidad regalándola.

Regalar felicidad calma siempre el dolor. Y justo ayer, caminando por la orilla del mar —una de las cosas que más me acerca a Dios y más paz me regala en la vida—, logré entender nuevamente y reconfirmar el poder de ser agradecida.

La vida es como un gran libro en el que tú escribes tu parte y Dios te sorprende siempre con la suya, para que quizás tú mismo o tú misma puedas reescribir ciertas páginas, y con las sorpresas que Dios te manda, te regales la posibilidad de que las reescribas mejor. Sí, mientras tengamos vida siempre existe la posibilidad de mejorarlo todo y, sobre todo, de cambiar tu destino. Y tu misión siempre será encontrar dentro de tu corazón ese motivo por el que volverás a agarrar fuerzas, por el que volverás a levantarte y no lo vas a dar todo por perdido, por el que vas a remendar tus alas rotas y vas a salir volando con más fuerza que nunca. Esa razón por la que entenderás un día, caminando a la orilla del mar, todo eso que agradeces. Ese será el motivo de tu nueva ilusión, de tu nueva sonrisa, de tu nueva fuerza, de tus nuevas ganas. La más importante razón en mi vida siempre será mi hija Dominique, y mi sueño más grande siempre será ver sus sueños cumplidos.

Escribiendo este libro aprendí que aun en los momentos más difíciles y más tristes, Dios nos lleva de su mano para enseñarnos algo. Y aprendí que debo soltar para poder fluir y no inventarme finales que solo Dios conoce y puede producir. Este libro me recordó que no debo olvidarme de mí, porque si yo no estoy bien, no podrán estar bien los que amo. Me recordó que siempre, siempre, debo producir momentos felices con ellos. Dios me puso al frente, mientras escribía este libro, a todas las personas que podían ser parte de él. Y esas señales son poderosamente importantes para entender que todo lo que te pasa en la vida tiene un propósito y que, como dice Joel Osteen, tú debes elegir qué hacer con lo que te ha enseñado tu sufrimiento y cómo aplicarlo a tu crecimiento personal.

Llegando al final, te confieso que durante el proceso hubo veces en las que pensé no seguir porque no quería escribir cosas tristes ni seguir hurgando en dolores ajenos. Pero entendí que debía hacerlo porque muchos lo necesitábamos. Lo que sí tengo muy claro llegando al final es que este libro nos va a ayudar a todos, porque siempre tendrá las palabras justas para subirte el ánimo y para que sepas que no estás solo o sola. Ni tú ni yo tenemos control de muchas de las cosas que nos suceden en la vida, pero lo que sí tenemos siempre es el poder de elegir, de tomar una decisión para reaccionar a esas cosas que nos suceden. Y es la decisión de qué hacer, de elegir con quién queremos estar y dónde debemos estar la que marcará la diferencia entre ser felices o no serlo. Y esa es la decisión de dedicarnos a lo que amamos y de producir nuestra propia felicidad.

Justo en plena revisión de este libro y como si fuera otra señal del cielo recibo un mensaje de una chica que intentó suicidarse y fue internada en un hospital. Su novio le llevó mi libro *Tu momento estelar*, y leerlo hizo que ella volviera a recuperar las ganas de vivir. Ese libro para ella fue la luz.

A mis 58 años estoy segura de que la vida es un regalo que no sabemos cuánto dura ni en qué momento cambia, y por eso hay que hacerlo todo, siempre, lo mejor posible y sin que te queden hubieras. Sí, hay que atreverse, aunque nos estemos muriendo de miedo. Aunque el dolor te esté aplastando el alma. Aunque el sufrimiento te haya marchitado las alas y no tengas ya ganas de volar. Solo tú tienes el poder de levantarte, encontrar tu luz y seguir.

Este libro me recordó que debo vivir totalmente presente y que no debo agobiarme por cosas que nunca pasarán. Me recordó que debo abrir las puertas a la paz que deseo vivir y a la compasión que quiero experimentar, al agradecimiento constante que quiero tener, a la curiosidad que deseo multiplicar, al aprendizaje que sueño disfrutar, al tiempo valioso con mi familia que quiero producir y al amor con el que quiero seguir sirviendo.

Investigando entendí que cuando no sueltas ese amor que te hace sufrir, es porque tal vez es lo único que tú crees que te hace feliz. Cuando entiendas que no mereces ese sufrimiento, podrás librarte de él. Entendí también que debemos ver los problemas que tenemos como grandes oportunidades de aprendizaje, y que la expresión en latín *amor fati*, que significa amor al destino, explica que debemos amar todo lo que pasa en nuestras vidas y aceptar lo inevitable sacando siempre lo mejor de cada situación. Sí, la vida es la gran escuela a la que vinimos a aprender, y las lecciones a veces llegan disfrazadas de señales a las que debemos estar atentos.

Mientras estoy en la revisión final de este libro, mi compañero de trabajo Carlos Prieto me envía un post de Instagram en el que alguien a quien él sigue publica una fotografía de una chaqueta en un almacén de ropa usada en Miami. La chaqueta lleva escrito el nombre de Alberto Ciurana y tiene una etiqueta que dice que vale 12 dólares. Sí, era la chaqueta que siempre usaba nuestro jefe, el presidente de Univision, mientras trabajó con nosotros. A Alberto se lo llevó el COVID y a mí particularmente me sorprendió mucho su muerte porque era un hombre lleno de vida que nos enseñaba siempre a vivirla mejor.

Inmediatamente le pedí a Carlos que averiguara dónde estaba la chaqueta. Dos días después Carlos llegó con ella en una bolsa de regalo. La chaqueta vive hoy en mi oficina, siempre a la vista. La quise tener ahí para que siempre me recuerde que tanto el poder como el estrés, que seguramente vivió Alberto dentro de esa chaqueta, son pasajeros, y que lo único que cuenta es el impacto que tengamos en la vida de la gente.

Él siempre lo tuvo en la mía.

Sí, todo pasa y nada es para siempre.

"Quién se iba a imaginar que un día esa chaqueta costaría 12 dólares", me dijo mi buen amigo Alexis Núñez, quien también conoció muy bien a Alberto. "Y quién se iba a imaginar que con esa chaqueta Alberto regresaría un día, después de muerto, a Univision", me dijo luego, haciéndome notar las vueltas de la vida.

Durante la creación de este libro que hoy es tuyo, pasó cerca de mi vida también alguien por quien yo había rezado mucho sin que él me conociera: Toño Mauri. El artista y ahora productor mexicano se sometió a un doble trasplante de pulmón después de que el COVID lo dejara tirado a las puertas de la muerte. Toño no solo sobrevivió, sino que está ahora mejorando la fe de todo el que lee su libro *Mi nueva vida, un gran milagro*.

Tras su operación Toño fue a presentar su libro a *Despierta América*, y después de conocernos mejor (yo lo había entrevistado hacía unos 35 años para *Cosmopolitan*, pero lógicamente no lo recordaba) un día me pidió que yo le presentara su libro en Books & Books en Miami y les juro que sentí que Dios me lo había puesto cerquita para que multiplicara mi fe. ¡Gracias Toño! Este libro hizo que abriera mejor mis sentidos y gracias a lo que aprendí mientras lo escribía solté mucho del peso que no me estaba dejando volar, aprendí a ser más paciente y compasiva y entendí que todas esas turbulencias por las que Dios permite que yo pase son sencillamente porque Él me quiere hacer más fuerte. Aprendí que lo más importante no es que el dolor se aleje, sino que se acerque la alegría, y que eso sí puede hacerse realidad. También aprendí que tal vez tú le estás pidiendo a Dios una rosa cuando ya él ha escrito que todo el jardín será tuyo.

Creerlo se llama Fe. Sí, tengo que confesarlo: soy esa miedosa de Cartagena que siempre, siempre, soñó con ser valiente. Hoy siento que con cada lágrima que he derramado en estos últimos años, Dios me estaba mostrando el camino para lograr ese valor. Y le doy gracias porque me permitió convertir mi dolor en algo bueno: me permitió crear este libro. Y a Dios le pido que eso mismo puedas hacer tú a partir de este momento y que gracias a lo que aprendiste en estas páginas no te pese tanto lo que te pasa y puedas levantar de nuevo tu propio y valiente vuelo hacia tus sueños cumplidos.

Gracias por leerme. Gracias por permitirme servir.

Te abrazo fuerte,
Luzma

Las 100 afirmaciones de Luz(ma)

1. Hoy todo estará mejor. Voy a confiar y a dejar que todo fluya en el orden divino.

2. Gracias, vida, por todos los regalos que me das. Hoy abro mi corazón para recibir todas las cosas buenas que tienes para mí.

3. Este día será maravilloso. Y voy a lograr todo lo que me proponga porque Dios me abre todas las puertas.

4. Hoy te entrego todos mis miedos y mis dudas. No me adelantaré a tus planes. Lo dejo todo en tus manos.

5. Gracias infinitas por todo lo que me permites vivir. Gracias por permitirme aprender y convertirme en una mejor persona.

6. Prometo no quejarme y sé que por cada vez que diga "gracias" tu abrirás una nueva puerta para mí y los que amo.

7. Pongo todo en tus manos. Tú tienes todo el poder. Todo estará bien.

8 Gracias por este nuevo día que llega lleno de todas las maravillas que tú creas. Sé que para ti no hay imposibles.

9 Mis planes son los tuyos. Bendícelos y permíteme siempre aceptar tu voluntad.

10 Gracias por no dejarme caer. Todo lo que hoy suceda será maravilloso.

11 Ilumina a todos los que hoy deben tomar decisiones a las que pertenezca mi destino.

12 Te entrego hoy todos mis actos. Bendícelos y protégelos.

13 Gracias por este nuevo día y por permitir que todos los que amo regresen felices siempre a casa.

14 No permitas que hoy ninguna mala noticia cambie mis planes, que son siempre los tuyos porque sé que quieres lo mejor para mí.

15 Te entrego todo el dolor que estoy sintiendo. Solo tú puedes convertirlo en fuerza y fe.

16 Aléjame hoy de todo lo que me aleje de ti. Te entrego mis miedos, conviértelos en fe.

17 Lléname hoy de valor y de fuerza. Permíteme elegir siempre lo que hará mi vida mejor.

18 Abro mi mente a la posibilidad de encontrar la solución a todo lo que no está funcionando bien en este momento de mi vida. Lo voy a lograr.

19 Todo esto sé que va a pasar porque tú me guías siempre por el camino del éxito.

20 Guíame por el camino de la paz y no permitas hoy que mis pensamientos inventen finales que no son los que tú quieres para mis planes.

21 Acepto tu voluntad y tu paz. Acepto todo lo que tú quieres que aprenda.

22 Te entrego hoy toda mi rabia y mi frustración. Conviértelas en paz y sabiduría para tomar siempre la mejor decisión.

23 Dame paciencia para vivir esto que tú estás permitiendo que viva. Permite que esto pase rápidamente y envía una solución que mejore nuestras vidas.

24 Hoy te pido el valor que necesito para sobrellevar todas las situaciones nuevas que estoy viviendo. Guíame y haz de mí una persona sabia.

25 Permíteme hoy entender por qué tengo que vivir este proceso. Y ayúdame a vivirlo con paciencia. Tú me ayudas a sobrellevar esto que sé que pronto acabará.

26 Lo dejo todo en tus manos porque sé que para ti no hay nada imposible.

27 Ayúdame a sacar las fuerzas que ya no tengo. Ayúdame a sentir que todo va a mejorar.

28 Perdóname por sentir que no me cuidas y por dudar de tu protección. El dolor que vivo me hace dudar y hoy más que nunca te pido que me des la fuerza para recuperar la fe que tanto necesito.

29 Me arrodillo a tus pies para entregarte todo este sufrimiento. Sé que tú lo convertirás en agradecimiento.

30 Hoy te pido que en cada problema que se me atraviese yo pueda ver una oportunidad.

31 No permitas que yo hoy haga sufrir a nadie. Que todo lo que salga de mi boca sea dictado por ti.

32 Permíteme servir hoy en todo lo que hago. Te entrego todas mis dudas para que tú me ayudes a convertirlas en sueños cumplidos.

33 Ayúdame hoy a tener la fuerza necesaria para cargar mi cruz. Sé que tú me la enviaste para aprender algo y te pido que pueda descubrirlo pronto para vivir sin el dolor del peso que llevo siempre.

34 Apiádate de mí, Señor, y convierte mi dolor en agradecimiento.

35 Voy a salir de todos estos problemas que yo he permitido. La vida me brindará las armas para salir triunfante.

36 Hoy dejaré a un lado el rencor, el egoísmo y abriré mi corazón a todo lo bonito que me quieras enseñar.

37 Permíteme estar hoy alerta a todas las señales que me envías para mejorar mi vida.

38 Voy a cambiar mi manera de ver la situación que estoy viviendo. Voy a tener más paciencia y voy a confiar más en ti, Señor.

39 Te prometo que hoy no voy a quejarme y, en vez de hacerlo, voy a contar mis bendiciones.

40 Este nuevo día es un regalo y voy a vivirlo con todas las ganas de hacer todo lo mejor posible.

41 Hoy quiero hacer las paces con mi destino. Voy a perdonar a los que me hicieron daño y con toda esa buena vibra voy a construir mi futuro.

42 Hoy me voy a levantar con disposición para elegir todo lo que traiga más felicidad a mi vida.

43 El dolor y la rabia las reemplazo hoy por fe y agradecimiento. Todo estará mejor.

44 Hoy voy a poder. Hoy todo será más fácil.

45 Tú vas a permitir que se abran hoy todas las puertas que me llevarán a vivir una vida más tranquila.

46 Hoy no voy a tener miedo y voy a atreverme a todo eso que me llevará a ver mi sueño cumplido.

47 Que hoy, cada vez que derrame una lágrima, me hagas recordar todo lo que tengo que agradecer.

48 Te entrego todos mis planes secretos, mis miedos y todas esas ideas que me hacen sentir mal. Conviértelas en pensamientos de prosperidad y abundancia de fe para mi vida.

49 Tú permitiste mi dolor, permíteme también encontrar mi felicidad y entender que la tengo dentro de mí.

50 Ayúdame hoy a ser mejor persona. Pon en mi camino las maneras de lograrlo.

51 Ilumíname hoy en todo lo que debo decir para que mejore todo a mi alrededor.

52 Te pido que hoy pongas a mi alrededor a las personas que mi vida necesita para acercarme más a cumplir mis sueños.

53 Hoy me levanto convencida de que voy a poder sobrepasar todo esto que estoy viviendo y convertirlo en una gran lección de vida que permitirá que otros aprendan para que vivan mejor.

54 Voy a tener hoy la fuerza que necesito para resolver todos los asuntos que me llevarán a otra etapa de mi vida, mucho más fácil y feliz.

55 Hoy voy a permitirme ser más generosa conmigo y me voy a dar todos los gustos que me merezco. Hoy voy a hacerme feliz.

56 Gracias por permitir que hoy se resuelva todo lo que ayer me preocupaba.

57 Hoy te pido por todas esas personas que tienen cruces más pesadas que la mía. Escucha sus oraciones.

58 Gracias por enviar a las personas correctas a mi vida.

59 Hoy quiero que me ayudes a elegir todo lo que me haga aprender a ser mejor persona.

60 Gracias por no dejarme caer y sostenerme cuando pensé que lo había perdido todo. Tú me demuestras que todo puede cambiar en un segundo.

61 Gracias por enviarme esa respuesta que tanto he estado esperando.

62 Gracias por hacerme entender que tus tiempos son siempre perfectos.

63 Hoy voy a dedicarme a buscar razones para vivir más feliz y agradecida. Hoy voy a empezar a vivir como siempre he querido vivir.

64 Hoy me levanto con la convicción de que tu fuerza me va a sostener.

65 Hoy no voy a temer nada porque todo te lo entrego a ti. Tú lo puedes Todo.

66 Permíteme ver la bondad en la gente. Hoy prometo no juzgar.

67 Hoy me perdono y me libero de culpas para empezar a luchar por la vida que quiero y me merezco.

68 ▸ Hoy bajo la cabeza y pido perdón por mi orgullo. Quiero aprender a vivir con humildad.

69 ▸ Hoy perdono a todos los que me han hecho daño y me libero de ese peso que no me deja volar.

70 ▸ Hoy dejaré el resentimiento a un lado y dejaré de echar culpas. Empiezo de nuevo sin deudas con la vida. Ayúdame, Señor, a que mi jardín florezca.

71 ▸ No permitas que nada empañe el momento que quiero vivir. Te entrego los frutos de esto que estoy creando.

72 ▸ Hoy permíteme sentir compasión por los que sufren y alegrar a todos los que estén viviendo momentos difíciles.

73 ▸ Hoy voy a cuidar mi salud mental. Haré todo lo que sea necesario para encontrar la paz y no permitiré que nadie estropee mi plan.

74 ▸ Gracias por permitirme ver tu mano sanadora encima de mis dolencias.

75 ▸ Todo va a mejorar y voy a tener la paz mental que necesito para atravesar esta turbulencia.

76 ▸ Soy una persona agradecida y sé que todo esto que estoy viviendo lo necesito para convertirme en mi mejor versión.

77 ▸ El dolor que vivo va a terminar. Yo creo en los milagros.

78 ▸ Voy a salir de todos los momentos difíciles que estoy viviendo. Desaparecerán todas las nubes grises y veré salir el sol.

79 ▸ Hoy voy a hacer una lista de todas las bendiciones de mi vida.

80 ▸ Ayúdame, Señor, a acercarme a las personas que pueden ayudarme a sanar mis heridas.

81 Hoy me abro a todas las posibilidades de encontrar paz en mi vida.

82 Permíteme comenzar una rutina que cambie mi vida y observar con atención las señales que me manda el universo.

83 Gracias por mandarme los maestros que necesito para entender lo que no debo volver a hacer ni decir.

84 Hoy no voy a permitir que los pensamientos fatalistas entren en mi cerebro.

85 Voy a buscar hoy eso que me ayude a encontrar la serenidad que me hace falta.

86 Hoy no voy a contestar con ningún comentario negativo. Hoy limpio mi alma de todo lo que la haga sufrir.

87 Hoy voy a escuchar mejor todo lo que el Universo quiere decirme. Voy a escribir todas esas respuestas.

88 Hoy haré una lista de todo lo que me hace ser feliz desde mi niñez. Y prometo buscar eso que había olvidado cómo me hacía sentir.

89 Hoy voy a decirle a la gente que amo todo lo que nunca le he dicho.

90 Me voy a permitir hoy no sufrir. Cada vez que sienta que el dolor me oprime el pecho voy a pensar en algo bello que hay en mi vida.

91 Hoy doy gracias por todo lo que Dios me regala en la vida.

92 Hoy voy a decirle algo bonito a todas las personas que me rodean.

93 Hoy me despierto con la disposición de regalar una sonrisa.

94 Hoy voy a detenerme a disfrutar de las cosas simples de la vida y a dar gracias por ellas.

95 Hoy voy a hacer un acto de bondad y voy a regalarle alegría a una persona menos favorecida.

96 Todo esto que estoy viviendo va a pasar. Todo lo que viene será mucho mejor.

97 Acepto tu voluntad y acepto todas las posibilidades de mejorar mi futuro.

98 Hoy no voy a preguntar por qué me pasa lo que me pasa, sino para qué me pasa.

99 Hoy voy a entregarle a Dios todos los momentos difíciles que tenga que vivir. Me rindo ante Él y dejo que haga su voluntad.

100 Hoy no dejaré que mis miedos les ganen la batalla a mis sueños.

Sobre la autora

Luz María Doria, conferencista colombiana y autora de *La mujer de mis sueños* (Aguilar, 2016), *Tu momento estelar* (Aguilar, 2018), *El arte de no quedarte con las ganas* (Aurum Books, 2021) y *La mujer de mis sueños: 100 ideas de agradecimiento y superación* (Aguilar, 2022) es una de las más influyentes ejecutivas de la televisión hispana en Estados Unidos.

Periodista y productora con 30 años de experiencia, actualmente se desempeña como vicepresidenta y productora ejecutiva del programa número uno en español en Estados Unidos, *Despierta América*, y es productora ejecutiva de *Algo personal con Jorge Ramos* transmitido por ViX, ambos de la cadena Univision.

Nacida en Cartagena, Colombia, Luz María inició su carrera como reportera en Editorial Televisa. Fue directora de entretenimiento de la cadena TeleFutura, de Univision, donde supervisaba dos programas diarios *Escándalo TV* y *La tijera*.

Además de sus obligaciones con Univision, Luz María publica una columna en los periódicos *La Opinión*, de Los Ángeles, y *Diario La Prensa*, de Nueva York.

Ha sido galardonada con tres Premios Emmy, y en 2009 y 2019 fue nombrada una de las 25 mujeres más poderosas por la revista *People en Español*.

@luzmadoria